HIRTEN, BISCHÖFE, PATRIARCHEN

DIERK SUHR / MARKUS T. MALL

HIRTEN, BISCHÖFE, PATRIARCHEN

Päpste des Mittelalters

Jan Thorbecke Verlag

Bibliografische Information der Deutschen Nationalbibliothek
Die Deutsche Nationalbibliothek verzeichnet diese Publikation in der Deutschen Nationalbibliografie; detaillierte bibliografische Daten sind im Internet über http://dnb.d-nb.de abrufbar.

www.thorbecke.de · info@thorbecke.de

Dieses Buch ist aus alterungsbeständigem Papier nach DIN-ISO 9706 hergestellt.
Layout: Wolfgang Sailer, Jan Thorbecke Verlag
Gesamtherstellung: Jan Thorbecke Verlag, Ostfildern
Printed in Germany
ISBN 978-3-7995-0175-0

Inhalt

VORWORT

Seit Jahrhunderten ist die Geschichte Europas untrennbar mit der Geschichte des Christentums verbunden – nicht umsonst spricht man vom christlichen Abendland. Eine besondere Rolle spielten dabei lange Zeit – politisch wie religiös – die Bischöfe von Rom. Im frühen Mittelalter nahmen die Päpste allerdings noch keine herausgehobene Position ein. Den offiziellen Titel Papst (nach griech. *pappas*, lat. *papa*, Vater) trägt das Oberhaupt der römisch-katholischen Kirche erst seit dem 5. Jahrhundert – in den Jahrhunderten davor war dies ein allgemeiner Ehrentitel für alle Patriarchen und Bischöfe des Orients.
Von Anfang an verstanden sich die Päpste als Nachfolger Petri im Sinne des »Felsenwortes« Mt 16,18 und bezogen daraus ihre Legitimation – wobei eine Tätigkeit des Simon Petrus in Rom gar nicht gesichert ist. Doch mit dem Aufstieg des Christentums zur Staatsreligion des Römischen Reiches und zum Fundament des christlichen Abendlandes wurde die dogmatische Berufung auf den »Apostelfürsten« Petrus und die daraus abzuleitende Vorherrschaft über die Patriarchen anderer Kirchen immer bedeutsamer. Die Geschichte kennt dabei durch die Jahrhunderte würdige Päpste und unwürdige, erfolgreiche und gescheiterte, ernste Theologen und verweltlichte Fürsten, die sich diesseitigen Genüssen ergaben.
Diese kleine Geschichte der Päpste gibt einen Überblick über das Papsttum bis zum Beginn der frühen Neuzeit – von den Anfängen des Christentums bis zur Krönung der Kaiser durch den Papst, von den zwölf Aposteln der urchristlichen Gemeinde bis zum Bischof von Rom als Oberhaupt der westlichen Christenheit. Wie konnte sich aus einer kleinen orientalischen Sekte mit »verhängnisvollem Aberglauben« – so der römische Geschichtsschreiber Tacitus im 2. Jahrhundert – eine Weltreligion entwickeln? Wir geben Antworten auf diese Frage, erläutern die Entwicklung der Institution »Papst« und stellen viele herausragende Päpste in Kurzbiographien vor. Wir danken dem Lektor, Herrn Thomas Theise, der mit seinem Wissen wie seinem Sprachgefühl zum Gelingen des Buches beigetragen hat, und wün-

schen dem Leser eine ebenso unterhaltsame wie lehrreiche Lektüre – den Anspruch auf eine vollständige Darstellung der Papst- oder gar der Kirchengeschichte erhebt dieses Werk dabei natürlich nicht.

Waiblingen, im Juni 2007 Markus T. Mall und Dierk Suhr

Die Zeit der Apostel

Rund zwei Milliarden Menschen bekennen sich heute zu Jesus Christus und heißen deshalb Christen. Die Anfänge waren freilich bescheidener: Jesus von Nazareth, Wanderprediger in Galiläa, verkündete den Menschen die Botschaft vom nahenden Himmelreich – und von der Liebe. Er erhob dabei den Anspruch, der Erlöser zu sein, den Gott im Alten Testament verheißen hatte – das Alte Testament wird von Juden und Christen gleichermaßen als göttliche Offenbarung und Heilige Schrift betrachtet.

In wenigen Jahren versammelte Jesus stetig mehr Jünger um sich, lehrte in den Synagogen, sein Ruf verbreitete sich in ganz Galiläa und darüber hinaus. Die Menschen sehnten sich nach Befreiung von der Fremdherrschaft und von der Unterdrückung des jüdischen Volks durch die Römer, nach einem Ende der Abgabenlast. Doch die jüdische Oberschicht kooperierte mit den römischen Besatzern, da diese ihnen Einfluss, Macht und Wohlstand sicherten.

Der urchristlichen Gemeinde stand ein Zwölfergremium vor, die zwölf Apostel (»Gesandte«). Die Zahl Zwölf sollte wohl die Stämme Israels repräsentieren, waren die frühen Christen doch Teil der jüdischen Gemeinschaft. Vom Judentum unterschieden sie sich vor allem durch eine weniger strenge Auslegung der Thora, des Gesetzes. Jesus Christus und die Urchristen setzten sich über diese Gesetze hinweg, wenn die Nächstenliebe es erforderte – das Gebot der Nächstenliebe stand über allem, und diese Nächstenliebe galt für Freund wie Feind. Dieses Handeln in Barmherzigkeit und Liebe sollte nach der Lehre Jesu und der Überzeugung der Urchristen die Aufnahme in das »Reich Gottes« beim bevorstehenden Endgericht bewirken.

Jesus und seine jüdischen Zeitgenossen glaubten, dass das Jüngste Gericht unmittelbar bevorsteht. Diese Naherwartung, fachsprachlich *Parusie* genannt, führte dazu, dass zunächst keine »Organisation« der Urchristen nötig war – die Jünger und Zeitgenossen Jesu waren sicher, die Wiederkehr des Herrn noch persönlich zu erleben. Ihren Besitz warfen sie zusammen und führten eine gemeinsame Kasse, aus der jedem so viel zugeteilt wurde, wie er brauchte. Doch im Laufe der Zeit wurde den Urchristen klar, dass die Ankunft des Herrn nicht in naher Zukunft stattfinden wird. Damit wurde eine »Institutionalisierung« nötig, die den Glauben, die Geschichten und Legenden weitertragen konnte zu jenen, welche die Apostel nicht mehr zu deren Lebzeiten kennen lernen konnten – damit begann die nachapostolische Zeit und die Zeit der frühen Kirche.

Petrus und Paulus

Simon, genannt Petrus, kam als einer der ersten Jünger zu Jesus und nahm schon früh eine zentrale Stellung unter den Aposteln ein. Zusammen mit Johannes und Jakobus gehörte er zu den engsten Vertrauten Jesu und trat gelegentlich als Wortführer der Zwölf auf. Seine Führungsrolle im Kreise der Apostel und damit auch in der Christengemeinde von Jerusalem lässt sich mit zahlreichen Stellen des Neuen Testaments belegen. Am häufigsten wird das so genannte »Felsenwort« Jesu an Petrus aus dem Matthäus-Evangelium angeführt – das dem Beinamen Petrus zugrunde liegende griechische *petra* bedeutet »Stein, Fels«: »Ich aber sage dir: Du bist Petrus, und auf diesen Felsen werde ich meine Kirche bauen, und die Mächte der Unterwelt werden sie nicht überwältigen. Ich werde dir die Schlüssel des Himmelsreichs geben; was du auf Erden binden wirst, das wird auch im Himmel gebunden sein, und was du auf Erden lösen wirst, das wird auch im Himmel gelöst sein« (Mt 16,18f.). Und ihm, Simon Petrus, soll der auferstandene Jesus als einem der ersten erschienen sein (Lk 24,34). Um das Jahr 43 wurde Petrus von Agrippa I. zu Kerkerhaft verurteilt, kehrte aber nach seiner Befreiung um 48 wieder nach Jerusalem zurück, wo er am Apostelkonzil, einem Treffen bedeutender Vertreter der Urgemeinde, teilnahm. Anschließend verlieren sich belegbare Spuren seines weiteren Lebensweges. Zwar wirkte er offensichtlich auch außerhalb Jerusalems, so beispielsweise in Antiochia, wo er die christliche Gemeinde gründete, nicht aber – wie Paulus – in weiter entfernten Regionen des Mittelmeerraums. Wann Petrus nach Rom kam, ist geschichtlich nicht festzumachen, allerdings berief sich auch die christliche Gemeinde in Rom auf Petrus als ihren Gründer. Gesichert ist wohl, dass Petrus in den Jahren zwischen 64 und 67 unter

Kaiser Nero in Rom den Märtyrertod am Kreuz erlitt – im Gegensatz zu Jesus mit dem Kopf nach unten.
Paulus dagegen, der einer der wichtigsten Apostel der urchristlichen Gemeinde wurde, verfolgte ursprünglich als gesetzestreuer Jude unter seinem jüdischen Namen Saul alle Christen. Er war Jesus zu dessen Lebzeiten nie begegnet. Erst auf einer Reise, die ihn um das Jahr 30 n. Chr. nach Damaskus führte, um gegen die dortigen Christen vorzugehen, hatte der »Eiferer für die väterlichen Satzungen« eine Christus-Vision – und wandelte sich zum glühenden Anhänger. Ihm ist es zu verdanken, dass die neue Religion nicht nur unter den Juden, sondern auch in der ganzen Heidenwelt bekannt gemacht wurde.
Nach zehnjähriger Missionstätigkeit unter Nichtjuden in seiner ursprünglichen Heimat in Kilikien in der heutigen Türkei entsandte ihn die Gemeinde von Antiochia zur Mission. Seine Reisen führten ihn nach Zypern, Kleinasien, Makedonien, Korinth und Ephesos. Zurückgekehrt nach Jerusalem, musste er sich wegen seiner Lehre von der Freiheit vom Gesetz gegen Anschuldigungen zur Wehr setzen. Als römischer Staatsbürger rief er den Kaiser an und wurde deshalb nach Rom gebracht. Dort missionierte er zwei weitere Jahre, bis er schließlich um das Jahr 64 unter Kaiser Nero enthauptet wurde, wohl an der Straße von Rom nach Ostia.
Mit »Peter und Paul« haben die beiden Apostelfürsten noch heute am 29. Juni einen gemeinsamen Feiertag.

JUDENCHRISTEN UND HEIDENCHRISTEN Um das Jahr 49 traf sich Paulus mit wichtigen Vertretern der Urgemeinde von Jerusalem – das Treffen ging als erstes Konzil (»Apostelkonzil«) in die Geschichte ein. Es ging um die Frage der Heidenchristen, also um Gläubige, die vom Heidentum zum Christentum übertraten, im Gegensatz zu konvertierenden Juden (Judenchristen). Ein zentrales Problem war dabei die Frage der Beschneidung: Übertretende Juden waren beschnitten – musste dieses auch von Heidenchristen verlangt werden? Zeitweise hatte sich die junge Kirche bereits zu zwei nebeneinander stehenden Gemeinden entwickelt: zur »Kirche der Beschnittenen« (*ecclesia ex circumcisione*) und zur heidenchristlichen »Kirche der Unbeschnittenen« (*ecclesia ex gentibus*). Paulus setzte sich auf dem Apostelkonzil mit seiner Auffassung durch, dass das Gebot der Nächstenliebe auch über dem Gesetz zur Beschneidung steht – und eröffnete erst dadurch dem Christentum ungeahnte Entwicklungsmöglichkeiten auch außerhalb des Judentums.

Das Petrusgrab – in Rom?

Ob Petrus die römische Gemeinde tatsächlich gegründet oder sogar geleitet hat, ist fraglich; zumindest sein Tod in Rom ist aber wahrscheinlich. Wo seine Gebeine heute ruhen, ist aber ungeklärt. Bei allen Zweifeln über den Ort des Petrusgrabes ist aber doch bemerkenswert, dass über all die Jahrhunderte keine andere Stadt jemals den Anspruch erhob, Ort des Martyriums des Petrus oder seiner letzten Ruhestätte zu sein – Rom wurde unwidersprochen als solcher anerkannt.

Vermutet wird sein Grab unter der Peterskirche. Den ältesten Bau ließ Kaiser Konstantin der Große seit 324 errichten, als Mittelpunkt der Kirche wurde ein Grab auf dem heidnischen Friedhof gewählt, das als das Grab des Apostels Petrus angesehen wurde. 1506 ließ Papst Julius II. an dieser Stelle den Grundstein für die heutige, wesentlich größere Peterskirche – in Deutschland besser bekannt als Petersdom – legen, deren bekannte Kuppel Michelangelo entworfen hat.

Um Gewissheit über das Petrusgrab zu erlangen, ließ Papst Pius XII. während des Zweiten Weltkriegs Ausgrabungen unter der Peterskirche durchführen. Man fand eine große Verschlussplatte über drei Gräbern – die Gräber selbst waren aber durch die früheren Umbauten so zerstört, dass der archäologisch sichere Nachweis des Petrusgrabes nicht mehr möglich war. Nachgewiesen ist aber, dass die Stelle, an der heute das Petrusgrab vermutet wird, bereits seit dem 4. Jahrhundert als letzte Ruhestätte des Apostelfürsten verehrt wird.

Die apostolische Sukzession

Der Primat des Bischofs von Rom leitet sich aus der Nachfolge des Apostels Petrus ab – die so genannte »apostolische Sukzession«. Die Führungsrolle des Petrus unter den Aposteln wurde bereits erwähnt. Wer sich auf diesen »Apostelfürsten« berufen konnte, konnte daraus auch eine Führungsrolle in der christlichen Kirche ableiten. Auch die späteren Patriarchen von Alexandria, Antiochia, Jerusalem und Konstantinopel führten die Gründung ihrer Gemeinden daher gern auf Petrus zurück und beanspruchten ihn als ersten Bischof ihrer Gemeinde. Schon früh dürfte dabei aber neben den historischen Tatsachen immer der Gesichtspunkt eine Rolle gespielt haben, dass eine apostolische Gründung natürlich jede Gemeinde aufwertete.

Um das Jahr 96 wurde in Rom ein Brief an die Gemeinde in Korinth verfasst, in dem zum ersten Mal ein Aufenthalt von Petrus und Paulus in Rom erwähnt wird. Später wurde dieser Brief Papst Clemens I. zugeschrieben und als 1. Clemensbrief bezeichnet.

Dieser Brief wird oft angeführt, um die Vorherrschaft der römischen Gemeinde über alle anderen christlichen Gemeinden zu begründen. Allerdings ist darin nur von der Aufforderung zu lesen, dass die Gemeindemitglieder sich den Anweisungen der Vorsteher der Gemeinde fügen sollen, die von den Aposteln eingesetzt wurden. Nirgendwo indessen ist zu lesen, dass die Gemeinde Roms oder deren Vorsteher gegenüber anderen Gemeinden weisungsbefugt wären oder sein sollten. Der Kirchenhistoriker Klaus Schatz schreibt: »Hätte man einen Christen um 100, 200 oder auch 300 gefragt, ob es einen obersten Bischof gibt, der über den anderen Bischöfen steht und in Fragen, die die ganze Kirche berühren, das letzte Wort hat, dann hätte er sicher mit Nein geantwortet.«

Vermutlich ist das Amt des Bischofs als einzelner Führer der Gemeinde, der so genannte monarchische Episkopat, überhaupt erst später entstanden. Den ersten Christengenerationen war solch ein Amt unbekannt, es hätte auch nicht zu ihrem Selbstverständnis des gemeinsamen Dienens und der Naherwartung gepasst. Erst seit dem 2. Jahrhundert lässt sich ein offizielles »Bischofsamt« nachweisen, das dann wohl nachträglich auf die apostolische Autorität zurückgeführt wurde. Die römisch-katholische Tradition betrachtet allerdings Petrus als ersten Vorsteher der *ecclesia catholica*, der einen allgemeinen Kirche, und leitet daraus den Führungsanspruch des Bischofs von Rom für die gesamte Christenheit ab: der Papst als direkter Nachfolger Petri als Stellvertreter Christi auf Erden, bevollmächtigt durch die ununterbrochene Kette seiner Nachfolger im Bischofsamt.

Petrus krönt Papst Clemens mit der Tiara.
Die im 15. Jahrhundert entstandene Wandtapete in der Kathedrale von Beauvais zeigt den Anspuch der Päpste, in direkter Nachfolge Petri zu stehen.

PAPST SILVESTER I. (314–335)
und die »konstantinische Wende«

Der römische Kaiser Konstantin siegt im Zeichen des Kreuzes – und beendet anschließend die Christenverfolgung. Das ist der erste Schritt des Christentums auf dem Weg zur Staatsreligion. Papst Silvester I. hat daran weniger Anteil als der Kaiser.

Kaiser Konstantin der Große, der von 306 bis 337 regierte, übte wesentlichen Einfluss auf die Entwicklung des Christentums zur Staatsreligion aus. Der Legende nach hatte er in der Nacht zum 28. Oktober 312 vor der Schlacht an der Milvischen Brücke vor den Toren Roms eine Vision: Er sollte das Zeichen des Christengottes auf den Schilden anbringen lassen, was er auch tat. Konstantin ging aus den anschließenden Kämpfen gegen Maxentius und seine Truppen als Sieger hervor – eine eigens errichtete Bildsäule in Rom zeigt ihn mit einem Kreuz in der Hand und beschreibt den Sieg unter diesem »Heil bringenden Zeichen«. Konstantin beendete die Christenverfolgung 313 im Toleranzedikt von Mailand und gestattete den Christen damit völlige Religionsfreiheit; alle beschlagnahmten Kirchen und Besitztümer wurden zurückgegeben und der Übertritt zum Christentum offiziell gestattet. Im Jahr 321 erließ der Kaiser ein Gesetz zur Heiligung des Sonntags, mit Ausnahme der Bauern sollte an diesem ersten Tag der Woche kein Bürger arbeiten, kein Handwerker und kein Beamter.
Auch der Bau von Kirchen erlebte einen gewaltigen Aufschwung, die Laterankirche mit dem Baptisterium und die Peterskirche im Vatikan wurden unter Konstantin begonnen. Sogar im Dom von Trier finden sich noch Ziegelmauern einer konstantinischen Kirche.
Konstantin mischte sich auch in theologische Fragen ein, wie etwa der nach der Natur Christi: War er Mensch oder war er Gott? Über diesem Streit, der in die Diskussion über die Ein- und Zweiwesenslehre mündete, zerbrach die Kirche im 5. Jahrhundert schließlich in eine West- und eine Ostkirche. Um die Frage zu klären, berief Konstantin im Jahr 325 ein Konzil nach Nicäa, einer Stadt im nordwestlichen

Kleinasien, ein – das erste so genannte ökumenische Konzil der alten Kirche. Hier wurde eine Glaubensformel entwickelt, die Gott und Christus als »wesensgleich« bezeichnet, Christus als »wahren Gott vom wahren Gott«, »gezeugt, nicht geschaffen«. Aus dem Nicänischen entwickelte sich schließlich das heutige Apostolische Glaubensbekenntnis.

Zwar dauerte das Pontifikat von Silvester I. von 314 bis 335 und war damit fast ebenso lang wie die Regierungszeit Konstantins des Großen, doch lag die Initiative für die Entwicklung des Christentums zur Staatskirche vermutlich allein bei Konstantin. Silvester spielte bei den entscheidenden Neuerungen für die Kirche wohl keine herausragende Rolle. Immerhin heilte er nach einer seit dem 5. Jahrhundert verbreiteten Legende den von Aussatz befallenen Konstantin, der sich daraufhin zum Christentum bekehren ließ. Und nicht zuletzt trägt der Todestag des Heiligen, der 31. Dezember, bis heute seinen Namen.

330 verlegte Konstantin den Kaisersitz von Rom nach Byzanz, das in Konstantinopel umbenannt wurde. Er starb Pfingsten 337 kurz nach seiner Taufe und wurde in Konstantinopel begraben. Obwohl er als Kaiser persönlich skrupellos war, wurde er in die Reihe der christlichen Heiligen aufgenommen.

Nach dem Tod Kaiser Theodosius' I. wurde das Römische Reich im Jahr 395 unter dessen beiden Söhnen Honorius und Arcadius in ein Weströmisches Reich mit Rom und ein Oströmisches Reich mit Konstantinopel als Zentrum aufgeteilt – diese Bezeichnungen sind allerdings modernen Ursprungs, nach zeitgenössischer Auffassung gab es nur ein Reich mit zwei Kaisern.

LEO I. (440–461), *Vollender des Felsenfundaments*

Papst Leo I., einer der drei Päpste mit dem Beinamen »der Große«, ist der erste Papst, der mächtiger wird als der römische Kaiser. Im Jahr 452 ist er es, der Attila und die Hunnen aufhält.

Der Titel Papst wurde zum ersten Mal Anfang des 4. Jahrhunderts verwendet, er findet sich auf dem Grabstein des Marcellinus, gestorben im Jahr 304. Bischof Siricius von Rom (385–399) bezeichnete sich

erstmals offiziell selbst als *papa*. Seit Gregor I. (590–604) ist der Titel ausschließlich dem Bischof von Rom vorbehalten.
Papst Leo der Große führte zwei neue offizielle Titel für den Bischof von Rom ein. Er bezeichnet sich als *Pontifex maximus* (»oberster Brückenbauer«), ein Titel, der bis dahin von den römischen Kaisern in ihrer Eigenschaft als oberster römischer Priester getragen wurde. 450 nahm er zudem den Titel *Patriarcha Occidentis* an, »Patriarch des Abendlandes«.
Papst Leo war der bedeutendste Bischof von Rom im 5. Jahrhundert. Über seinen Werdegang ist wenig Zuverlässiges bekannt. Zunächst Archidiakon unter Coelestin I. und Sixtus III., wurde er 440 zum Papst gewählt, als er im Auftrag der Kaiserin Galla Placidia in Gallien unterwegs war. Er griff in viele theologische Streitfragen ein, bekämpfte die Manichäer, den Monophysitismus und den Pelagianismus nicht nur in Italien, sondern auch in Gallien, Spanien oder Griechenland – der Primatsanspruch des römischen Bischofs erreichte einen ersten Höhepunkt.
Im Westen konnte Leo die Vormachtstellung des Papstes durchsetzen, nicht zuletzt, da die staatliche Gewalt Roms zunehmend zerfiel und dem Bischof von Rom dadurch umfangreiche politische Aufgaben zuwuchsen. Im Jahr 445 erhielt Leo von Kaiser Valentinian III. die Anerkennung der päpstlichen Jurisdiktion über alle westlichen Provinzen. 449 verteidigte Leo in einem Schreiben an den Patriarchen von Konstantinopel die Zweinaturenlehre – Christus als wahrer Gott *und* wahrer Mensch – im Gegensatz zum östlichen, monophysitischen Verständnis der Verschmelzung dieser beiden Naturen in Christus zu *einer* Natur. Dieses Schreiben, der »Tomus Leonis«, wurde auf einer östlich dominierten Synode in Chalcedon heftig diskutiert. Allerdings musste Leo auf diesem Konzil im Jahr 451 akzeptieren, dass Rom zwar der Ehrenvorrang vor Konstantinopel eingeräumt wurde, Konstantinopel aber auf den zweiten Rang nach Rom erhoben und damit – nahezu gleichberechtigt neben Rom – ebenfalls über die anderen Patriarchate gestellt wurde.
Als Rom 452 während der Völkerwanderung von den Hunnen bedroht wurde, traf sich Papst Leo mit ihrem Anführer Attila – ein Sieg päpstlicher Diplomatie, nachdem der weströmische Kaiser das Land nicht hatte schützen können. Angeblich warf sich Attila auf die Knie, als Leo ihn besuchte, und befolgte die Aufforderung des Papstes zur Um-

Papst Leo I. der Große baute den Einfluss der Kirche aus, während das römische Kaiserreich zerfiel. Er konnte den heranziehenden Hunnenführer Attilla zum Umkehren bewegen. Wandmalerei des 8. Jahrhunderts in der Kirche Santa Maria Antiqua in Rom.

kehr. 455 verbrachte der Papst eine ähnliche Leistung, als er dem Vandalenkönig Geiserich die weitgehende Schonung der Bevölkerung abrang; Rom wurde zwar geplündert, aber nicht eingeäschert.
Leo I. starb im Jahr 461. Als einem der bedeutendsten Päpste der Kirche des Westens gab die Nachwelt ihm den Beinamen »der Große«. Er wurde als erster Papst in der Kirche St. Peter begraben und später heilig gesprochen.

DIE ALTE KIRCHE UND DAS KONZIL VON CHALCEDON

451 Die ersten Jahrhunderte der Kirchengeschichte – vom Urchristentum bis zur Entwicklung der Bischofskirche und der fünf Patriarchate von Alexandria, Antiochia, Jerusalem, Konstantinopel und Rom – werden als Alte Kirche bezeichnet. Es ist die Zeit vor der Abspaltung der altorientalischen Kirchen und vor der Trennung von orthodoxer Ost- und römisch-katholischer Westkirche. Die vier ersten allgemeinen Konzile bis zum Konzil von Chalcedon im Jahr 451 werden dazu gerechnet, in der westlichen Kirche oft auch die Zeit bis zum Untergang des Weströmischen Reichs. Sowohl die orthodoxe als auch die römisch-katholische Kirche sehen sich in der Tradition der Alten Kirche.
Das Konzil fand im Oktober 451 als viertes der ersten sieben ökumenischen Konzile im kleinasiatischen Chalcedon statt – die alte Hafenstadt am Bosporus ist heute ein Stadtteil von Istanbul. Die Kirchenversammlung entschied den erbitterten Streit um die göttliche und menschliche Natur Christi, definierte ihn als »wahren Menschen *und* wahren Gott« – »Gott Sohn« als zweite Person der Trinität –, »unvermischt und ungetrennt« – die Dreifaltigkeit wurde zum Dogma.
Die altorientalischen Kirchen – die mächtigen Kirchen Ägyptens, Syriens und Armeniens – sahen in dieser Entscheidung einen Irrtum – die monophysitische Lehre sieht Christus ebenso menschlich *und* göttlich, jedoch verschmolzen in *einer* Natur. Sie werteten die vom Konzil verabschiedete Formel als eine Rückkehr zum Nestorianismus, einer nach dem Patriarchen Nestorius von Konstantinopel benannten Lehre, die Christus eine göttliche und eine menschliche Person zuschrieb. Diese Lehre war auf dem Konzil von Ephesos verurteilt worden. Das Konzil von Chalcedon führte

über diesen Streitpunkt zur theologischen Abspaltung der altorientalischen Kirchen.

Neben den theologischen Fragen entschied das Konzil auch über die Rolle Konstantinopels als dem »Neuen Rom«: Die Beschlüsse des 1. Konzils von Konstantinopel wurden bestätigt, dem Patriarchen von Konstantinopel wurde im 28. Kanon die Jurisdiktion über die kleinasiatischen Diözesen übertragen. Leo I. annullierte diesen 28. Kanon zunächst und weigerte sich zwei Jahre lang, das Konzil von Chalcedon zu bestätigen.

Der Untergang des Weströmischen Reiches (476)

Nur noch 81 Jahre existierte das Weströmische Reich nach der Reichsteilung unter Theodosius I. im Jahr 395. Von Anfang an war die Situation im Westen unter dem neuen Kaiser Honorius instabil. Bereits 397 erhob sich die Provinz Africa. 402 wanderten die Westgoten auf die italienische Halbinsel ein. Soldatenrebellionen auf der britischen Insel führten zum Rückzug nach Gallien. 406 fielen Vandalen, Sueben und iranische Alanen – wohl auf der Flucht vor den Hunnen – in Nordgallien ein. 410 eroberte der Westgotenkönig Alarich I. Rom und plünderte die Stadt.

Nach dem Tod Honorius' im Jahr 423 regierten bis 476 immerhin elf anerkannte Herrscher und drei Ursupatoren. Die Provinz Africa fiel an die Vandalen, Hispanien an die Sueben, das Burgunderreich am Rhein wurde von Hunnen vernichtet. Auf dem Boden des auseinanderbrechenden Reiches entstanden zahlreiche politische Gebilde, die Rom die Steuereinnahmen vorenthielten, welche zur Aufrechterhaltung der Armee nötig waren. Schließlich gelangte 475 der erst zehnjährige Romulus Augustus auf den Kaiserthron, wurde aber schon 476 durch den Germanenfürsten Odoaker abgesetzt. Dieser ließ anschließend durch Gesandte in Konstantinopel erklären, dass *ein* Kaiser für das Römische Reich genüge, und besiegelte damit die kurze Geschichte Westroms. Von den zahlreichen Nachfolgereichen hatten nur das Westgotenreich auf der Iberischen Halbinsel und die Reiche der Franken, Angelsachsen und (ab 568) der Langobarden in Italien längeren Bestand.

GELASIUS I. (492–496) *und die Zwei-Schwerter-Theorie*

Kirchenpolitisch ist Gelasius I. nach Leo I. der bedeutendste Papst des 5. Jahrhunderts. Er definiert das Verhältnis zwischen Kaiser und Papst als den beiden die Welt regierenden Gewalten: Imperium und Sacerdotium.

Gelasius wurde zwar in Rom geboren, seine Eltern gehörten jedoch zum nordafrikanischen Berbervolk der Kabylen. 492 wurde er Bischof von Rom und damit nach katholischer Tradition Papst.
Im Jahr 494 formulierte er erstmals in einem Brief an den oströmischen Kaiser Anastasios I. die Theorie, Gott habe den Herren über die Welt zwei Schwerter verliehen: eines dem Kaiser, das andere dem Papst. Der Kaiser soll über die weltlichen Dinge herrschen, der Papst über die geistlichen. Zur Begründung berief Gelasius sich auf das Lukasevangelium, wo es heißt: »Da sagten sie: Herr, hier sind zwei Schwerter. Er erwiderte: Genug davon!« (Lk 22,38).
Nach der Anerkennung des Christentums durch Konstantin I. nahmen dieser und die nachfolgenden römischen Kaiser großen Einfluss auf die sich entwickelnde Kirche. Bis zum 5. Jahrhundert wurden alle Konzile durch den Kaiser einberufen und auch von diesem geleitet, Bischöfe hatten den Status kaiserlicher Beamter, zu erkennen an den purpurnen Bischofsgewändern. Es galt: »Ein Reich, ein Kaiser, eine Kirche«. Nachdem Byzanz (Konstantinopel) 330 neue Hauptstadt des Römischen Reiches geworden war, spitzte sich der Konflikt zwischen west- und oströmischen Kaisern ebenso zu wie der zwischen den Patriarchen von Rom und Konstantinopel. Im Jahr 451 erklärte das Konzil von Chalcedon Rom und Byzanz gar für nahezu ebenbürtig in kirchlichen Fragen – eine Lage, die nach dem Ende des Weströmischen Reiches 476 für die römischen Patriarchen immer belastender wurde, da die kaiserlichen Rechte nun vollständig von Ostrom wahrgenommen wurden. Schon die räumliche Entfernung zwischen dem römischen Patriarchen und dem Kaiser, die Nähe zwischen dem Kaiser und dem Patriarchen von Konstantinopel konnte nicht im Sinne der römischen Kirche sein.
Mit der Formulierung der Zwei-Schwerter-Theorie legte Gelasius für rund sechshundert Jahre das Verhältnis zwischen Kaiser und Papst fest: Beide Gewalten seien von Gott eingesetzt, jede herrsche auf ihrem Gebiet uneingeschränkt und eigenständig. Beide seien gleichberechtigt – aber die päpstliche Gewalt im Zweifelsfall etwas höher gestellt, da die Päpste im Jüngsten Gericht auch die Taten der Kaiser verantworten müssten. Spätere christliche Theologen bauten die Theorie dahingehend aus, dass Christus beide Schwerter dem Papst anvertraut habe, der das weltliche Schwert dann an den jeweiligen Kaiser weiterreiche – was 1075 im »Dictatus papae« Gregors VII. schriftlich

niedergelegt wurde und 1302 in der Bulle »Unam sanctam« Bonifatius' VIII. gipfelte. Luthers Zwei-Reiche-Lehre nimmt diese Diskussion über die weltliche Obrigkeit und das Reich Gottes wieder auf. Gelasius starb am 19. November 496.

BONIFATIUS II. (530–532), *ein Römer germanischer Abstammung*

Mit dem Ostgoten Bonifatius II. wird zum ersten Mal ein Germane Bischof von Rom – wenn auch unter Streitigkeiten.

Da die germanischen Stämme und damit auch die Ostgoten nach früherer Geschichtsauffassung als Vorläufer der Deutschen gelten, wird Bonifatius II. gelegentlich auch als »erster deutscher Papst« bezeichnet.
Bonifatius wurde durch seinen Vorgänger im Amt, Papst Felix IV. (526–530) – wegen der umstrittenen Legitimation Felix II. manchmal auch als Felix III. geführt –, als Nachfolger auserkoren, da Felix ein Anhänger des Gotenkönigs Athalarich war. Der römische Senat lehnte dies aber ab, es folgte ein Verbot der Nachfolgediskussion zu Lebzeiten des Papstes. Der Klerus machte sich nach Felix' Tod für Dioskur als Nachfolger stark, während eine Minderheit Bonifatius unterstützte. Das Schisma mit Dioskur als Gegenpapst wurde aber durch dessen baldigen Tod nach nur 22 Tagen beendet. Auch Bonifatius starb bereits am 17. Oktober 532.

JOHANNES II. (533–535), *geboren als Mercurius*

Der erste Papst, der nach seiner Wahl einen neuen Namen annimmt.

Ursprünglich trug Johannes den weltlichen Namen Mercurius – da er als Papst aber nicht den Namen einer heidnischen Gottheit tragen wollte, nahm er den Namen des zum Märtyrer gewordenen Johannes I. an. Seit der Jahrtausendwende wählen alle Päpste bei Amtsantritt einen neuen Namen.

VIGILIUS (537–555)

Vigilius ändert mehrfach seine Meinung – und sorgt damit noch Jahrhunderte später für Diskussionen über die päpstliche Unfehlbarkeit.

Vigilius war ursprünglich bereits von Papst Bonifatius II. zu seinem Nachfolger bestimmt worden, konnte das Amt aber wegen des starken Widerstandes von Senat und Klerus nicht antreten. So ging er zunächst unter Papst Agapet I. (535–536) als Nuntius nach Konstantinopel. Hier begann er mit dem Monophysitismus zu sympathisieren. Kaiser Justinian oder seine Gattin Theodora sandte ihn daher nach dem Tod von Agapet 536 zurück nach Rom in der Hoffnung, Vigilius würde den auf dem Konzil von Chalcedon verurteilten Monophysitismus anerkennen und damit die Einheit der Kirche wiederherstellen. Entgegen der oströmischen Erwartungen stellte sich Vigilius als Bischof von Rom jedoch gegen den Monophysitismus und weigerte sich, einige pro-monophysitische Schriften Justinians anzuerkennen. Der Kaiser ließ Vigilius daraufhin wieder nach Konstantinopel bringen und zwang ihn, diese Schriften auf dem 2. Konzil von Konstantinopel 553 – dem fünften ökumenischen – anerkennen zu lassen. Vigilius starb auf der Heimreise in Syrakus.
Die Autorität des Bischofs von Rom war mit diesem theologischen »Umfallen« für Jahrhunderte ernsthaft beschädigt; im 19. Jahrhundert wurde der Wankelmut Vigilus' sogar als Negativbeispiel in der Diskussion um die Unfehlbarkeit des Papstes angeführt.

GREGOR I. (590–604), *der Große*

Gregor der Große gilt als einer der bedeutendsten Päpste überhaupt. Er ist der jüngste der vier großen lateinischen Kirchenlehrer der Spätantike, mit ihm tritt das Papsttum ins Mittelalter ein. Seit Gregor darf nur noch der Bischof von Rom den Titel Papst führen.

Gregor, geboren um 540 in Rom, entstammte der alten, hoch angesehenen römischen Senatorenfamilie der Anicier. Die Wurzeln der Familie reichten bis ins dritte vorchristliche Jahrhundert zurück, seit der Christianisierung des Römischen Reiches gewann die Familie im

4. Jahrhundert weitreichenden Einfluss. Bekanntester Vertreter der Anicii ist neben Gregor der Philosoph und Theologe Boëthius – vollständig Anicius Manlius Torquatus Severinus Boëthius –, der von 475 oder 480 bis 524 lebte und dessen Übersetzungen bis ins 12. Jahrhundert die einzigen lateinischen Aristoteles-Quellen blieben. Daneben hatte die Familie im 5. Jahrhundert zwei der letzten weströmischen Kaiser gestellt und mit Felix III. (526–530) bereits einen Papst.
Zunächst folgte Gregor der Familientradition, studierte die Rechte und schlug eine Laufbahn als Politiker ein, wobei er es bis zum höchsten Senatorenamt als *Praefectus urbi* der Stadt Rom brachte. Im Jahr 575 entschied er sich dann für ein Leben als Mönch und wandelte den elterlichen Palast in ein Benediktinerkloster um.
Der Vorgänger Gregors im Papstamt, Pelagius II., berief ihn 579 in den Dienst der Kirche. Zunächst war er sechs Jahre als ständiger Vertreter (Apokrisiar) in Konstantinopel, bevor er 585 in sein Kloster St. Andreas nach Rom zurückkehrte. 590 starb Pelagius II. an der Pest, Gregor wurde von Senat, Klerus und Volk einstimmig zum Papst gewählt – weigerte sich aber zunächst, die Wahl anzunehmen. Nachdem Kaiser Mauritius ihn dennoch bestätigt und das Volk ihn im Triumphzug zum Petersdom geleitet hatte, wurde er dort am 3. September 590 zum Papst geweiht.
Gregor war der erste Mönch, der in dieses Amt gewählt wurde, und blieb zeitlebens ein Förderer des Mönchtums. Er verfasste eine umfangreiche Biografie des Benedikt von Nursia und unterstützte erfolgreich die Verbreitung der Benediktinerregel, die fast zur alleinigen Regel des europäischen Mönchtums wurde. Als »Mönchspapst« nannte Gregor sich »Knecht der Knechte Gottes« (*servus servorum Dei*). Er ordnete die Verwaltung des päpstlichen Grundbesitzes (*patrimonium Petri*) neu und verlangte von den Beamten Rechenschaft über Einnahmen und Ausgaben. Die Einnahmen wurden nun für soziale Zwecke, vor allem die Armenfürsorge, eingesetzt. Zudem war die Getreideversorgung der Stadt Rom mangelhaft und reichte für die Einwohnerschaft von einigen Zehntausend nie aus. Gregor organisierte die Bewirtschaftung der riesigen kirchlichen Ländereien in Süditalien und Sizilien neu und ließ zu Beginn eines jeden Monats Lebensmittel verteilen. Zusätzliche Mittel wurden eingesetzt zur Befestigung Roms und zum Schutz der Bevölkerung vor den Langobarden, jenem ostgermanischen Stamm, der im Rahmen der spätantiken Völkerwanderung in

Italien einfiel und dessen Name in der Bezeichnung Lombardei fortlebt.
Im Jahr 593 schloss Gregor eigenmächtig Frieden mit den gegen Rom vorrückenden Langobarden, obwohl der Exarch von Ravenna, Träger der byzantinischen Herrschaft in Italien, den Krieg fortführen wollte – seit Justinian I. stand Rom zumindest nominell unter der Herrschaft des oströmischen Kaisers. 599 wurde schließlich auch mit dem Einverständnis des Kaisers Frieden geschlossen. Gregor gelang es anschließend, die zum Teil heidnischen, zum Teil arianischen Langobarden zum katholischen Glauben zu bekehren.
Einen weiteren Konflikt mit Konstantinopel gab es um die Bezeichnung »ökumenischer Patriarch«, mit dem sich sowohl Johannes IV. als Patriarch von Konstantinopel wie auch sein Nachfolger Cyriakus schmückten. Der oströmische Kaiser Phokas anerkannte schließlich im Jahr 607 Rom als »Haupt aller Kirchen« (*caput omnium ecclesiarum*).
Erfolgreich und für die Weiterentwicklung der abendländischen Christenheit bedeutsam wurde die Entscheidung Gregors, Missionare zu den Angelsachsen zu entsenden. 595/96 sandte er den Prior seines Klosters St. Andreas, Augustin, mit einigen Mönchen nach Britannien. Als die Missionare in Gallien zu hören bekamen, wie roh und wild das Heidenvolk in Britannien sei, verließ sie allerdings der Mut und sie kehrten nach Rom zurück. Gregor schickte sie aber mit Verstärkung noch einmal aus, und so landete Augustin 597 in Kent. König Ethelbert erlaubte ihm zu predigen und ließ sich noch im selben Jahr taufen. 601 wurde Augustin von Papst Gregor zum Erzbischof von Canterbury ernannt, starb aber bereits im Jahr 604. Dennoch kam durch ihn die englische Kirche in eine enge Beziehung zu Rom; somit wurde der Grundstein gelegt für eine gesamtabendländische Kirche, an deren Spitze das römische Papsttum stand.
Durch ihre volkstümliche Sprache und den bewusst demütigen Stil (*stilus humilis*) fanden Gregors »Dialoge über das Leben und die Wunder italienischer Väter« (*Dialogi de vita et miraculis patrum Italicorum*) auch in Laienkreisen weite Verbreitung. Die »Dialoge« gehörten zu den meist gelesenen Werken des Mittelalters und trugen wesentlich zur Verbreitung der Volksfrömmigkeit bei. Gregor trat mit diesen Berichten den Nachweis an, dass nicht nur der Orient, sondern auch das Abendland wundertätige Heilige vorweisen kann. Auf seine »Dialoge« bezieht sich auch der Name »Gregor Dialogus«; in der orthodoxen

Kirche wird er als »Gregorios ho Dialogos« verehrt. Theologisch hat Gregor das Fegefeuer in das Lehrsystem aufgenommen – eine Instanz, in der die Seele nach dem Tod von lässlichen, bereits gebüßten Sünden gereinigt wird. Die Existenz eines Fegefeuers hatte bereits der Theologe und Kirchenvater Augustinus (354–430) angenommen.
Der »gregorianische Choral« ist übrigens keine Schöpfung Gregors, obwohl er ihm seit dem frühen Mittelalter zugeschrieben wurde; weder hat Gregor Melodien komponiert noch den »Cantus Gregorianus« erschaffen. Die falsche Zuschreibung erfolgte wohl bewusst, um den liturgischen Gesängen mit biblischen Texten eine höhere Autorität zu verleihen.
Gregor starb am 12. März 604 in Rom. 1295 wurde er durch Papst Bonifatius VIII. heilig gesprochen.

AGATHO (678–681) *und die Ablehnung des Monophysitismus*

Auf dem 3. Konzil von Konstantinopel wird die einheitliche Natur Christi nach Vorstellung und Lehre der Monophysiten endgültig für falsch erklärt.

Papst Agatho beendete auf dem 3. Konzil von Konstantinopel (680/81) – dem 6. ökumenischen – endgültig den Streit um den Monophysitismus beziehungsweise den als Kompromiss daraus entwickelten Monotheletismus. Ging der Monophysitismus davon aus, dass Christus göttliche und menschliche Anteile besäße, die aber zu einer Natur verschmolzen sind, so formulierte der Monotheletismus den Kompromiss, dass Christus zwar zwei Naturen besäße, eine menschliche und eine göttliche, aber nur einen gemeinsamen Willen. Dies war formuliert worden, um die exkommunizierten Monophysiten wieder in die Reichskirche einzugliedern. Allerdings wurde der Kompromiss weder von der West- und Ostkirche noch von den Monophysiten akzeptiert.
Im Jahre 678 besuchte Agatho auf Einladung Kaiser Konstantins IV. Konstantinopel, um mit Kirchengelehrten eine einheitliche Position zu finden. In diesen Diskussionen zeigte sich der Kaiser zu einer Ablehnung des Monotheletismus bereit, waren doch diejenigen Teile des

Oströmischen Reiches, in denen dieser Glaube besonders verbreitet war – Ägypten, Palästina und Syrien –, inzwischen von den Arabern erobert worden und für Ostrom verloren. Dogmatische Diskussionen empfand der Kaiser daher als überflüssig.

Das 3. Konzil von Konstantinopel erklärte daher den Monotheletismus zur Irrlehre und gab die bis heute bestehende Doktrin aus, dass Christus zwei Naturen besitzt, eine göttliche und eine menschliche, dass jede der Naturen ihren eigenen Willen besitzt, und dass der göttliche Willen dem menschlichen übergeordnet ist.

Papst Agatho starb noch vor Beendigung des Konzils im Januar 681 in Rom.

Die Christianisierung der germanischen Völker

Nach dem Ende des Weströmischen Reiches nahmen die Germanenreiche allmählich dessen ehemaliges Territorium ein. Die Germanenkönige sahen sich dabei als Herrschaftsnachfolger des Römischen Reiches – so kämpften beispielsweise 451 Römer und Westgoten gemeinsam gegen die Hunnen unter Attila. Auf der Iberischen Halbinsel verbündeten sich die Westgoten schließlich mit den lateinischen Bevölkerungsteilen, nachdem der Westgotenkönig dem Arianismus abgeschworen hatte, einer christlichen Glaubensrichtung, der zahlreiche Germanenstämme anhingen und die sich mit den Goten vom 4. bis 6. Jahrhundert ausbreitete. Arius (ca. 280–336), Presbyter von Alexandria, leugnete die göttliche Natur Christi; seit dem Konzil von Nicäa 325 galt diese Lehre als Irrlehre.
Als dauerhaftestes Nachfolgereich erwies sich das der Franken. König Chlodwig (482–511) aus dem Haus der Merowinger legte das Heidentum ab, nahm den römisch-katholischen Glauben an und wurde dadurch der erste Germanenkönig, der den gleichen Glauben hatte wie die Gallo-Romanen. Als Dank erhielt er vom oströmischen Kaiser Anastasios im Jahr 508 die Titel *Konsul* und *Patrizius*. Bis zum frühen 9. Jahrhundert wurden weite Teile des Frankenreiches christianisiert. Durch umfangreiche Missionierungen wurden im 6. und 7. Jahrhundert große Teile der Angelsachsen und im 10. und 11. Jahrhundert auch der Norden Europas christianisiert.

BONIFATIUS – *»Apostel der Deutschen«*

Der englische Mönch begründet die enge Verbindung von fränkischen Kaisern und dem Papst.

Der angelsächsische Benediktiner und Missionar Winfried gen. Bonifatius (672/73–754) begründete die mittelalterliche Verbindung

zwischen Papst- und Kaisertum. Im – für frühmittelalterliche Verhältnisse – reifen Alter von fast vierzig Jahren erhielt er den Auftrag, Germanien von den Alpen bis zur Nordsee zu christianisieren. Er teilte Diözesen ein und errichtete zahlreiche Klöster, die er der Regel des hl. Benedikt unterstellte. 732 wurde Bonifatius als Dank für erfolgreiche Aufbauarbeit zum Erzbischof und Legat von »Germania« (Franken und Hessen-Thüringen) geweiht. Er schwor die fränkisch-germanische Kirche auf Rom ein und band sie fest an das römische Papsttum. 754 wurde er auf einem weiteren Missionszug in Friesland bei einer Tauffeier in Dokkum zusammen mit zahlreichen Begleitern erschlagen. Als Märtyrer wurde er früh heilig gesprochen.
Nachdem die Franken unter den Merowingern seit Chlodwigs Übertritt zum katholischen Glauben und geschickten Eroberungen zur dritten großen Macht im Mittelmeerraum neben Byzanz und dem Islam und zum mächtigsten Reich des westlichen Europas aufgestiegen waren, kam es zu Kämpfen zwischen den Merowingern und ihren Hausmeiern – obersten Verwaltern –, den späteren Karolingern. Allmählich führten diese Kämpfe zum Niedergang der Merowinger und zum Aufstieg der Karolinger. Der karolingische Hausmeier Karl Martell etwa stoppte 732 bei Tours und Poitiers den Vorstoß der Araber gegen das Frankenreich, das Abendland blieb – bis auf Spanien – christlich.

ZACHARIAS (741–752)

Papst Zacharias beendet die Herrschaft der Merowinger auch formell.

Pippin der Jüngere, Sohn Karl Martells, setzte 751 den letzten Merowingerkönig Childerich III. ab und ließ sich durch den fränkischen Adel selbst zum König wählen. Um die religiöse Legitimation für seine Herrschaft zu erlangen, ließ er sich im selben Jahr von Erzbischof Bonifatius salben, legitimiert durch einen Schiedsspruch von Papst Zacharias, der die Meinung vertrat: Wer die Macht habe, solle auch König sein. Damit wurde Pippin endgültig zum rechtmäßigen Frankenkönig. Papst Stephan II. salbte Pippin 754 persönlich erneut, als er den Frankenkönig um Hilfe gegen die Langobarden bat.

STEPHAN (II.) – *vier Tage* 752

Das kürzeste Pontifikat der Papstgeschichte – wenn es überhaupt gilt ...

Stephan wurde im Jahr 752 als ältester Presbyter Roms zum Nachfolger des verstorbenen Papstes Zacharias gewählt. Bereits vier Tage nach seiner Wahl starb er an einem Schlaganfall, ohne die Weihe erhalten zu haben. In den Papstlisten des Mittelalters wird er nicht aufgeführt, da man die Weihe für eine unabdingbare Voraussetzung hielt. Nachdem im 15. und 16. Jahrhundert die Rechte der Kardinäle neu diskutiert wurden, hielt man die Wahl durch das Kollegium für ausreichend und nahm Stephan (II.) in die Liste der Päpste auf – bis er im Jahre 1961 wieder gestrichen wurde, dieses Mal mit dem Argument, dass er als einfacher Priester kein Vorsteher der Diözese Rom und daher auch nicht Bischof von Rom war.

Die Entwicklung des Patrimonium Petri zum Kirchenstaat durch Schenkungen der Karolinger

PAPST STEPHAN II. (752–757) und König Pippin der Jüngere

Papst Stephan II. bittet den Karolinger Pippin den Jüngeren um Hilfe im Kampf gegen die Langobarden – und legt damit den Grundstein für das römisch-deutsche Kaiserreich.

Nach dem schnellen Tod Stephans (II.) wurde der als Waise im Lateran aufgewachsene Stephan zum neuen Papst bestimmt – er nannte sich Stephan II. Bis zur Streichung Stephans (II.) aus der Papstliste wurde er auch als Stephan III. geführt.
Die Macht Stephans II. war zunächst äußerst begrenzt: Rom wurde von den Langobarden unter deren König Aistulf bedroht; ein ausgehandelter Waffenstillstand musste mit hohen Abgaben der Einwohner erkauft werden. Nachdem auch Kaiser Konstantin V. keine Hilfe schicken konnte und wollte, wandte Stephan sich an den Frankenkönig Pippin III., den Jüngeren (751–768). Als erster Papst überquerte er für ein Treffen auf fränkischem Gebiet die Alpen, warf sich im Jahre 754 in Ponthion Pippin in Büßerkleidern zu Füßen und bat um Hilfe gegen die Langobarden. Pippin und seine Söhne verpflichteten sich nach Verhandlungen zur Sicherung Roms und bestätigten die Gebiete als Eigentum des Heiligen Petrus. Diese Schenkung, die den Kirchenstaat begründete, wird daher in Anlehnung an die gefälschte Konstantinische Schenkung als Pippinsche Schenkung bezeichnet und lebt noch heute im Vatikanstaat fort. In zwei anschließenden Feldzügen wurden die Langobarden unter Aistulf geschlagen und mussten sich zurückziehen.

Zum Dank erkannte Stephan II. das Geschlecht der Karolinger als rechtmäßige Frankenherrscher an, verlieh dem König und seinen Nachkommen den Titel »Patricius romanorum« (Schutzherr der Römer) und legte damit die Basis für die enge Verbindung zwischen Papsttum und Frankenkönigen, die schließlich im Jahr 800 in die Kaiserkrönung von Pippins Sohn Karl mündete.

DIE KONSTANTINISCHE SCHENKUNG – EINE FÄLSCHUNG Die so genannte Konstantinische Schenkung (*Constitutum Constantini* oder *Donatio Constantini ad Silvestrem I papam*) ist eine Urkunde, die angeblich von Kaiser Konstantin I. ausgestellt worden ist. Darin wird Papst Silvester I. und allen Nachfolgern die Oberherrschaft über Rom, Italien und die gesamte Westhälfte des Römischen Reichs übertragen. Die Urkunde wurde von den Päpsten benutzt, um die Vorherrschaft der katholischen Kirche in der Christenheit und über andere Kirchen zu begründen. Die Urkunde ist aber eine Fälschung, auch wenn sich die Pippinische Schenkung als Analogie und Bestätigung daran anlehnt. Vermutlich wurde die Fälschung erst im späten 8. Jahrhundert angefertigt; seit der Mitte des 11. Jahrhunderts beriefen sich die Päpste häufig auf die Konstantinische Schenkung, vor allem im Konflikt mit den Patriarchen von Konstantinopel.

In den Jahren 1433 und 1440 zeigten zunächst der deutsche Theologe und Philosoph Nikolaus von Kues und dann der italienische Humanist Lorenzo Valla, dass die Urkunde der Konstantinischen Schenkung eine Fälschung sein muss: Das Latein ist nicht das des 4. Jahrhunderts – und Konstantinopel, das unter diesem Namen erwähnt wird, hieß damals noch Byzanz! Seit dem 17. Jahrhundert räumte die katholische Kirche ein, dass zwar die Urkunde gefälscht sein könnte, es aber trotzdem eine Schenkung durch Kaiser Konstantin gegeben habe. Seit dem 19. Jahrhundert gilt die gesamte Schenkung auch in der katholischen Kirche als Fälschung.

HADRIAN I. (772–795)

Papst Hadrian bittet den Frankenherrscher Karl den Großen um Hilfe gegen die Langobarden und sagt sich von Konstantinopel los.

Das Pontifikat Hadrians I. dauerte von 772 bis zum Jahr 795 und war für tausend Jahre das längste der Papstgeschichte – erst Pius VI. (1775–1799) war länger im Amt.
Auf dem von Hadrian einberufenen 2. Konzil von Nicäa – dem siebten ökumenischen – im Jahr 787 wurde die Bilderverehrung wieder zugelassen, welche die Reichssynode von Konstantinopel 754 verdammt hatte. Die Beschlüsse von Nicäa wurden aber bereits auf der Synode von Frankfurt 794 widerrufen.
Unter Hadrian I. entzog sich das Papsttum endgültig der Herrschaft des oströmischen Kaisers: Hadrian datierte von 781 an die päpstlichen Urkunden nicht mehr mit den Regierungsjahren des byzantinischen Kaisers, sondern mit den Jahren seines Pontifikats.
Im Kampf gegen den Langobardenkönig Desiderius wandte sich Hadrian im Jahre 773 hilfesuchend an den fränkischen Herrscher Karl, der Desiderius zum Rückzug zwang und ihn nach einer Belagerung besiegte. Als Karl 774 in Rom eintraf, bestätigte er die Pippinsche Schenkung.

LEO III. (795–816) *und die Kaiserkrönung König Karls*

Mit dem Aufstieg der Karolinger formt sich das christliche Abendland. Mit der Krönung Karls des Großen zum Kaiser im Jahr 800 durch Papst Leo III. ersteht das Römische Reich im Westen neu.

Die Jahrzehnte um 800 können mit guten Gründen als Epoche Karls des Großen bezeichnet werden. Aus einer großen Ländermasse entstand das Fränkische Reich – und mit der Kaiserkrönung Karls im Jahr 800 durch Papst Leo III. ein westliches, mit Byzanz konkurrierendes Kaisertum. Das christliche Abendland nahm Gestalt an.
Rom, Weihnachten 800: Papst Leo III. krönte den Frankenkönig Karl zum Kaiser. Der Titel war im Westen seit der Absetzung von Romulus Augustus und dem Ende des Weströmischen Reiches im Jahr 476

nicht mehr vergeben worden. Durch diese *Translatio imperii* wurde das Römische Reich auf die Franken übertragen, es gab wieder einen römischen Kaiser im Westen. 812 wurde das Frankenreich von Ostrom anerkannt. 962 wurde das neue Kaisertum auf Otto I. übertragen – seit dem Hochmittelalter trug es die Bezeichnung »Heiliges Römisches Reich« und seit 1442 »Heiliges Römisches Reich deutscher Nation«. Es hatte bis zum Jahr 1806 Bestand, als Franz II. die römische Kaiserkrone niederlegte.
Im Rahmen des fränkischen Großreiches bildete sich eine eigene Identität des Westens heraus, gefördert durch die Abgrenzung von Byzanz wie vom Islam und zusammengehalten durch die Reichskirche. Als »patronus et advocatus« der Kirche löste Karl der Große den byzantinischen Kaiser ab, wie er zuvor schon an die Stelle des Langobardenkönigs Desiderius getreten war. Die Einheit von Kirche und Reich wurde Staatsdoktrin. Karl starb 814 in Aachen.
Etwas im Schatten der übermächtigen Gestalt Karls des Großen steht der an all diesen Vorgängen nicht unbeteiligte Papst Leo III. Schon bald nach seiner Wahl im Jahr 795 verschworen sich einige Verwandte seines Vorgängers Hadrian I. gegen ihn, nahmen ihn schließlich im Jahr 799 sogar gefangen und setzten ihn ab. Leo III. floh nach Paderborn zu König Karl, der seine Absetzung nicht anerkannte und ihn nach Rom zurückschickte. Im Jahr 800 kam Karl selbst nach Rom und ließ den Papst am 23. Dezember einen Eid auf seine Unschuld schwören. Zwei Tage später krönte Leo III. Karl zum Kaiser – und hatte somit ganz offensichtlich sein päpstliches Amt der fränkischen Krone untergeordnet.

NIKOLAUS I. (858–867) – *Höhepunkt des Papsttums in karolingischer Zeit*

Papst Nikolaus stellt sich gegen König und Kaiser – und trägt so zum Untergang der italienischen Linie der Karolinger bei. Dieser Höhepunkt der Macht hat allerdings eine zunehmende Abhängigkeit vom Adel Roms und Mittelitaliens zur Folge.

Papst Nikolaus I. gilt als Erneuerer der päpstlichen Autorität und Macht. Er entwickelte eine eigenständige Politik und wurde Wegberei-

Papst Leo III. krönt Karl den Großen zum Kaiser.
Buchmalerei aus dem 14. Jahrhundert.

ter der päpstlichen Weltherrschaft. So zwang er Johannes VII., Erzbischof von Ravenna, der in römisches Recht eingegriffen hatte, zur Rücknahme seiner Eingriffe, obwohl dieser von Kaiser Ludwig II. unterstützt wurde. Dem fränkischen König Lothar II. – Bruder Ludwigs II., König von Italien und Kaiser – verweigerte er die Scheidung – dieser wollte wegen Kinderlosigkeit seine Mätresse heiraten, mit der er bereits einen Sohn hatte. Die Erzbischöfe von Köln und Trier, welche die Scheidung bereits anerkannt hatten, wurden von Nikolaus abgesetzt, die Genehmigung widerrufen. Da auch Ludwig II. ohne männlichen Thronerben starb, erlosch der italienische Zweig der Karolinger.

Das »dunkle Jahrhundert«

Das »dunkle Jahrhundert« oder Saeculum obscurum zwischen dem 9. und 10. Jahrhundert bezeichnet eine Zeit von etwa 170 Jahren, in der das Papsttum eine tiefe Krise durchlebt. Die Karolinger verlieren als päpstliche Schutzmacht an Einfluss, Rom wird nahezu bedeutungslos. Rivalisierende Familien kämpfen um den Stuhl Petri, von den 45 (!) Päpsten dieses »dunklen Zeitalters« verliert jeder dritte sein Leben auf unnatürliche Weise.

Nach dem Tod Karls des Großen im Januar 814 fand sich Rom allein gelassen. Regionale Machthaber des römisch-mittelitalienischen Adels verzettelten sich in Intrigen um den Stuhl Petri. Ämterkauf, Verrat, Gewalt und politischer Mord standen nun auch in Rom auf der Tagesordnung. Der erste Papst, der diesen Machtspielen zum Opfer fiel, war Papst Johannes VIII. im Jahr 882. Erst mit der Absetzung dreier konkurrierender Päpste im Jahr 1046 endete das »dunkle Jahrhundert« der Papstgeschichte.

JOHANNES VIII. (872–882)

Der erste Papst, der dem »dunklen Jahrhundert« zum Opfer fällt.

Johannes VIII., Papst seit 872, wurde im Jahre 882 der erste gewaltsam getötete Papst seit der Christenverfolgung. Mit Unterstützung Kaiser Ludwigs des Deutschen wollte Johannes gegen die Sarazenen vorgehen, die Süditalien besetzt hielten. 875 krönte er Karl II., den Kahlen, 881 Karl III. zum Kaiser. Seither war die Krönung der Kaiser durch den Papst üblich. Die Wirren der Opposition gegen Kaiser Karl den Kahlen führten zu einer Lähmung Italiens, der Kampf gegen die Sarazenen konnte nicht wirkungsvoll geführt werden. 877 starb der Kaiser. Papst Johannes musste allein gegen die Sarazenen vorgehen, wozu er eine päpstliche Flotte aufstellen und Rom befestigen ließ.

Ums Leben kam Johannes entweder beim Kampf gegen Eindringlinge oder durch Gift, das ihm die eigene Familie gab.

PAPST FORMOSUS (891–896)

Papst Formosus wird in einem absurden Spektakel post mortem zum Häretiker erklärt.

Wegen einer Intrige gegen Papst Johannes VIII. und Kaiser Karl den Kahlen wurde der päpstliche Legat Formosus im Jahr 876 gebannt und exkommuniziert. Nachdem Formosus unter Eid versichert hatte, er würde Rom nie wieder betreten, nahm ihn Johannes III. als Laien wieder in die Kirche auf. 883 sprach ihn Marinus I. von diesem Eid los und rief ihn nach Rom zurück. 891 wurde Formosus selbst zum Papst gewählt, sein Pontifikat war von Streitigkeiten und Intrigen gezeichnet. Im Januar 896 starb er.
Papst Stephan VI. hielt wenige Monate nach Formosus' Tod ein grausiges Strafgericht, bei dem dieser *post mortem* als Häretiker verurteilt wurde, da er den Eid gegen Johannes VIII. gebrochen hatte. Obwohl der Prozess erst nach Formosus' Tod stattfand, war er dennoch anwesend: Sein exhumierter und päpstlich gewandeter Leichnam saß auf einem Stuhl im Verhandlungssaal. Er wurde der widerrechtlichen Besitzergreifung des päpstlichen Stuhls angeklagt und nachträglich abgesetzt. Man widerrief seine Weihe, schlug dem Leichnam die drei Schwurfinger der rechten Hand ab, tauschte die päpstlichen Gewänder gegen Laienkleidung und warf die Leiche in den Tiber.

Die schauerliche Leichensynode über Formosus markiert einen Tiefpunkt des päpstlichen Ansehens im »dunklen Jahrhundert«. Historiengemälde aus dem 19. Jahrhundert von Jean Paul Laurens.

Der Aufstieg des Papsttums zur geistlichen Vormacht des Abendlandes

Die Erneuerung des Papsttums in theologischer Hinsicht und die Rückkehr der päpstlichen Autorität speisten sich aus zwei Quellen. Zum einen kam es zur so genannten cluniazensischen Reform, benannt nach dem burgundischen Reformkloster Cluny. Sie erneuerte die Kirche von innen heraus und nachhaltig, wobei sie zuerst das Klosterleben und schließlich das Papsttum erfasste. Kernpunkte waren dabei die strenge Beachtung der benediktinischen Ordensregeln und eine größere Gewissenhaftigkeit bei den Gottesdiensten. Außerdem wurden die Klöster direkt dem Papst unterstellt, was schließlich auch positive Auswirkungen auf das engere Umfeld des Papsttums hatte.

Gleichzeitig stiegen in Deutschland die Ottonen auf. Zunächst wurde Heinrich I. König (919–936), schließlich Otto der Große Kaiser. Nach dem Ende der Ottonen wurden 1024 mit Konrad II. ihre nächsten Verwandten, die Salier, auf den deutschen Königsthron gewählt. Ottonen und Salier errichteten ein starkes, geeintes Reich, das wieder in der Lage war, ordnend in Rom einzugreifen und dem Papst Schutz zu gewähren. Dieser Zusammenhalt wurde gestärkt durch die Erneuerung der römischen Kaiserwürde mit der Krönung und Salbung Ottos des Großen im Jahr 962. Die Macht der deutschen Herrscher reichte schließlich so weit, dass sie bei der Besetzung des Stuhles Petri ein wichtiges Wort mitzureden hatten.

GREGOR V. (996–999), *der erste deutsche Papst*

Ein Kärntner Adelssohn wird der erste deutsche Papst, eingesetzt von Otto III. Sein Pontifikat währt aber nur drei Jahre.

Otto III. wurde 995 von Papst Johannes XV. nach Rom gerufen, um ihm gegen die Adelsfamilie der Crescentier beizustehen – diese Familie war so einflussreich geworden, dass die Päpste ohne den Schutz des deutschen Königs völlig machtlos waren. Als Otto III. im Jahr 996 in Rom eintraf, war Johannes XV. bereits tot. Da der römische Adel den König bat, den Stuhl Petri nicht verwaist zu lassen, bestimmte er seinen Vetter Brun zum Papst. Dieser war der Sohn eines Kärntner Herzogs aus dem Geschlecht der Salier. Im Mai 996 wurde er im Alter von 24 Jahren als Gregor V. zum Papst geweiht. Sein Vetter König Otto III., den er kurze Zeit nach seiner Wahl zum Kaiser krönte, war allerdings noch acht Jahre jünger! Nachdem Otto wieder nach Deutschland zurückgekehrt war, erhoben sich die Crescentier gegen Gregor V., vertrieben ihn aus Rom und ließen einen Gegenpapst wählen. Wiederum mit Hilfe Ottos III. gelang es Gregor V., nach Rom zurückzukehren. Dem Gegenpapst Johannes XVI. wurden Nase, Zunge und Ohren abgeschnitten und die Augen ausgestochen, Crescentius II. und seine Getreuen wurden enthauptet. 999 starb Papst Gregor V. im Alter von nur 27 Jahren an Malaria.

BENEDIKT IX., SILVESTER III., GREGOR VI. – *drei Päpste zur gleichen Zeit abgesetzt*

Mit gleich drei rivalisierenden Päpsten erreicht das »dunkle Zeitalter« seinen Höhepunkt, das Papsttum seinen moralischen Tiefpunkt. Mit der Absetzung aller drei Päpste endet aber auch das »Saeculum obscurum« – das Papsttum kann sich grundlegend erneuern.

Typisch für das »dunkle Zeitalter« war die Simonie, der Ämterkauf. Oft wurden selbst höchste Titel demjenigen verliehen, der die höchste Summe bot. Der Begriff der Simonie geht auf den Magier Simon aus der Apostelgeschichte zurück, der den Heiligen Geist gegen Geld empfangen wollte und von Petrus die Antwort erhielt: »Dein Silber fahre mit dir ins Verderben, wenn du meinst, die Gabe Gottes lasse sich für Geld kaufen.«
Im Jahr 1032 wurde der Adelssohn Theophylakt durch Simonie zum Papst Benedikt IX. Allerdings legte er einen derart lasterhaften Lebenswandel an den Tag, dass er 1044 nach einer Revolte aus der Stadt gejagt wurde. Statt seiner wurde – ebenfalls unter Zuhilfenahme größerer Geldbeträge – der Crescentier Silvester III. zum Papst gewählt.

Silvester wurde aber schon 1045 von Benedikt IX. vertrieben, der mit bewaffneter Verstärkung nach Rom zurückkehrte. Da es ihm aber wieder nicht gelang, die Römer für sich einzunehmen, verzichtete er 1045 freiwillig auf den Stuhl Petri – allerdings erst, nachdem er die Papstwürde gegen eine erkleckliche Abfindung an seinen Taufpaten verkauft hatte, der als Gregor VI. den Papstthron bestieg.
Im Jahr 1046 wollte sich der Salier Heinrich III. in Rom zum Kaiser krönen lassen – allerdings nur durch einen untadeligen Papst. Heinrich rief Benedikt IX., den Gegenpapst Silvester III. und Gregor VI., der das Amt gerade »erworben« hatte, zu einer Synode nach Sutri bei Rom. Die Synode endete mit der Absetzung aller drei. Gregor wurde nach Deutschland verbannt und starb bereits 1047. Benedikt konnte nach dem Tod Clemens II. noch einmal für wenige Monate die Papstwürde erlangen, zog sich dann aber in ein Kloster zurück. Silvester wurde formal zu Klosterhaft verurteilt, durfte aber in sein Bistum zurückkehren, das er dann noch viele Jahre als Bischof leitete.

CLEMENS II. (1046–1047), *zweiter deutscher Papst*

Mit Clemens II., dem zweiten deutschen Papst, beginnt die Frühphase des Reformpapsttums.

Das Eingreifen Heinrichs III. auf der Synode von Sutri 1046 wurde allgemein erleichtert als das Ende des »dunklen Zeitalters« aufgenommen. Heinrich setzte einen Mann seines Vertrauens ein: Suitger, sächsischer Graf von Morsleben und Hornburg sowie Bischof von Bamberg. Dieser liebte sein Bistum so sehr, dass er nur unter der Bedingung annahm, dass er weiterhin Bischof von Bamberg bleiben durfte.
An Heiligabend 1046 wurde Suitger als Papst Clemens II. inthronisiert, schon am folgenden Tag krönte er den Salierkönig Heinrich III. und dessen Frau Agnes zu Kaiser und Kaiserin. Anschließend machte sich Clemens II. daran, das Papsttum zu reformieren. So berief er schon 1047 zusammen mit dem Kaiser eine Reformsynode zur Bekämpfung der Simonie ein. Doch bereits im Oktober 1047 verstarb er, wahrscheinlich am Gift des abgesetzten Benedikt IX. Auf ausdrücklichen Wunsch wurde er im Bamberger Dom beigesetzt. Benedikt IX.

kehrte auf den Stuhl Petri zurück, allerdings nur für wenige Monate, denn der Kaiser hatte bereits einen neuen deutschen Papst bestimmt: Damasus II.

DAMASUS II. (1048), *dritter deutscher Papst*

Das Pontifikat des dritten deutschen Papstes währt nur 23 Tage.

Nach dem frühen Tod von Clemens II. bestimmte Kaiser Heinrich III. noch im Jahr 1047 den bayerischen Adligen Poppo, Bischof von Brixen, zum Nachfolger. Als Damasus II. wurde er der dritte deutsche Papst. Allerdings konnte er den Papstthron zunächst nicht besteigen, da dieser von Benedikt IX. besetzt gehalten wurde; er musste unter militärischem Schutz nach Rom geleitet werden. 1048 wurde er inthronisiert, zog sich aber bald wegen der Hitze, die er nicht vertrug, von Rom nach Palestrina zurück. Dort starb er nur 23 Tage nach seinem Amtsantritt – ob an Gift oder an Malaria, ist nicht ganz klar.

LEO IX. (1049–1054), *vierter deutscher Papst und Heiliger*

Leo IX., der bedeutendste der früheren deutschen Päpste, fördert kirchliche Reformen und ändert die Regierungspraxis: Er bezieht zahlreiche Berater ein und beginnt als erster Papst zu reisen, um die Reformansätze zu verbreiten. Allerdings gelingt es ihm nicht, die Trennung von Ost- und Westkirche zu verhindern.

Als Kaiser Heinrich III. die Nachricht erhielt, dass Damasus II. tot war und er innerhalb kurzer Zeit bereits den dritten Papst ernennen sollte, wollte sich keiner für dieses Amt zur Verfügung stellen. Bruno aus dem elsässischen Geschlecht der Grafen von Egisheim-Dagsburg, Bischof von Toul und mit den Saliern verwandt, erbot sich schließlich, das Amt zu übernehmen. Er stellte allerdings die Bedingung, dass ihn Bürger und Senat von Rom ebenfalls wählen müssten, denn dem Kaiser stand nur das Recht zu, einen Kandidaten zu benennen, bestätigt

werden musste dieser durch die Römer – Bruno wollte kein Papst nur von Kaisers Gnaden sein wie seine Vorgänger.
Natürlich waren die Römer begeistert, dass ihre alten Rechte wieder anerkannt wurden; der neue Papst Leo IX. hatte sich so nicht nur die Gunst des Kaisers, sondern auch die der Römer gesichert. Leo trieb die kirchlichen Reformen energisch voran, bezog das Kardinalskollegium viel stärker in Beratung und Verwaltung ein – und begann als erster Papst zu reisen. Er besuchte persönlich zwölf Synoden in Italien, Deutschland und Frankreich und machte dadurch das Papsttum im christlichen Abendland erstmals vor Ort erlebbar.
Politisch zeichnete sich das Pontifikat Leos IX. allerdings durch zwei schwere Misserfolge aus. Für einen geplanten Feldzug gegen die Normannen, die Süditalien besetzt hielten, konnte er nicht die Unterstützung seines Vetters Heinrich III. gewinnen. So stellte er selbst ein päpstliches Heer auf, das dann aber bei der Schlacht von Civitate 1053 vernichtend geschlagen wurde. Leo selbst geriet in normannische Gefangenschaft und kehrte erst nach einem dreiviertel Jahr als gebrochener Mann nach Rom zurück, wo er kurz darauf starb. Zudem gelang es Leo IX. nicht, die zunehmende Entfremdung zwischen Rom und Byzanz aufzuhalten. Eine päpstliche Abordnung, die eigentlich den Streit zwischen West- und Ostkirche schlichten sollte, übergab dem Patriarchen von Konstantinopel schließlich eine Exkommunikationsbulle, die dieser mit einer Gegenexkommunikation beantwortete. Aus diesem Streit resultierte das große Morgenländische Schisma, die Trennung der griechischen Kirche des Ostens von der lateinischen Kirche des Westens, eine Trennung, die bis heute nicht überwunden werden konnte.

Kirchenspaltung im 11. Jahrhundert – Schisma zwischen Abend- und Morgenland

Am 16. Juli 1054 kam es in der Hagia Sophia, der Patriarchatskirche zu Konstantinopel, zu einem weitreichenden Eklat. Kardinal Humbert von Silva Candida, der Gesandte Papst Leos IX., legte in Gegenwart des oströmischen Kaisers Konstantin IX. Monomachos und des byzantinischen Patriarchen Michael Kerullarios eine päpstliche Bulle auf den Altar der größten Kirche der damaligen Christenheit. Mit diesem Schreiben exkommunizierte der Papst den Patriarchen. Die byzantinische Seite reagierte darauf, indem sie eine Synode einberief, die alle Personen exkommunizierte, die das päpstliche Schreiben verfasst hatten. Dabei machten sich die Synodalen nicht einmal die Mühe, einzelne Namen zu nennen.

Diese Ereignisse besiegelten das Morgenländische Schisma, die bis heute andauernde Trennung zwischen der orthodoxen Ostkirche und der römisch-lateinischen Kirche des Westens. Im Jahr 1054 glaubten jedoch selbst viele Theologen nicht, dass die gegenseitigen Exkommunikationen eine dauernde Spaltung auslösen würden. Selbst Papst Victor II. (1055-1057) wusste offensichtlich nichts von einer Kirchenspaltung. Für die Zeitgenossen stand der Konflikt in einer langen Reihe von theologischen Streitigkeiten, in denen beide Seiten ihre Position unterstrichen, indem sie ihre Gegner exkommunizierten.

Aus historischer Perspektive war die Kirchenspaltung die Folge der völlig unterschiedlichen historischen Entwicklung, die beide Kirchen genommen hatten. Byzanz, das Oströmische Reich, war eine Art Relikt des alten römischen Weltreichs der Antike. Die Kaiser in Konstantinopel wussten sich deshalb in der Nachfolge der römischen Cäsaren. Zu den römischen Traditionen, die in Konstantinopel weiterlebten, gehörte auch die Staatskirche. Der Kaiser verstand sich als weltlicher und geistlicher Herrscher über sein Reich. Der Gedanke einer Universalkirche, deren Anspruch über die Reichsgrenzen hinausreichte, war mit dieser Tradition unvereinbar. Den Bischöfen in Rom waren nach dem Zusammenbruch des Weströmischen Reichs dagegen auch weltliche Aufgaben zugefallen. Es entwickelte sich eine entgegengesetzte Tradition: Die Päpste versuchten die westliche Glaubenstradition in möglichst vielen Ländern zu verwurzeln und damit ihren Einfluss zu etablieren. Zunehmend verstanden sie sich dabei als den weltlichen Herrschern übergeordnet und mit Befehlsgewalt in religiösen Angelegenheiten über alle Bischöfe und Christen gestellt.

Das Schisma war der Endpunkt einer Entwicklung, die etwa dreihundert Jahre zuvor begonnen hatte. Die Langobarden hatten 751 Ravenna erobert und den dort residierenden Vertreter des byzantinischen Kaisers vertrieben. Den Römern – auch den Päpsten – war dieser Vorfall eine willkommene Gelegenheit, sich eine andere Schutzmacht zu suchen – eine Macht, in der nicht die griechische, sondern die römische Kirche den religiösen Bereich dominierte. Die Wahl fiel auf die Franken, die nördlich der Alpen das erste große Reich nach dem Ende des Imperium Romanum errichtet hatten. Papst Zacharias (741–752) wandte sich vom letzten Merowingerkönig Childerich ab und unterstützte dessen Hausmeier Pippin, den späteren ersten Frankenkönig. Papst Stephan II. salbte König Pippin und machte ihn zum Schutzherrn Roms und der römischen Kirche. Spätestens mit der Krönung Karls des Großen zum römischen Kaiser durch Leo III. im Jahr 800 begann jene enge Allianz zwischen den Päpsten und den Fürsten, die das Mittelalter nachhaltig prägte.

Die Kaiser in Konstantinopel verstanden sofort, dass die Wiederbelebung des weströmischen Kaisertitels, den es seit fünfhundert Jahren nicht mehr gegeben hatte, eine Kampfansage Roms an Konstantinopel war. Die Theologen der östlichen Kirchen hatten den Primatsanspruch Roms nie akzeptiert, so dass sich die Beziehungen in den folgenden Jahren ständig verschlechterten. Schon 863 und 867 exkommunizierten Synoden in Rom und Byzanz gegenseitig den Patriarchen bzw. den Papst und warfen sich gegenseitig eine Reihe dogmatischer Irrtümer vor. Der eigentliche Anlass für den endgültigen Bruch waren Ausschreitungen gegen lateinische Kirchen in Byzanz 1053. Das Volk war in Gotteshäuser eingedrungen und hatte Tabernakel geschändet. Daraufhin hatte der byzantinische Kaiser lateinische Klöster und Kirchen schließen lassen.

Zu einer endgültigen Trennung wurde das Schisma aber erst im Nachhinein durch das Reformpapsttum Gregors VII. und seiner Nachfolger. Die zentralistische Theologie mit einem monarchischen Papst an der Spitze unterschied sich so grundlegend von der Auffassung der Ostkirche, dass keine Einigung mehr möglich war. Die Kreuzzüge, die sich nicht nur gegen islamische Herrscher im Heiligen Land richteten, sondern häufig auch gegen das reiche Konstantinopel, verschlechterten die Beziehungen weiter. Erst die Bedrohung des Abendlandes durch Truppen islamischer Reiche brachte vorübergehend eine Annäherung. Auf den Konzilen von Lyon 1274 und Florenz 1439 versuchten Vertreter beider Kirchen noch einmal, die Differenzen beizulegen – vergeblich. De jure bestand die gegenseitige Bannung bis ins 20. Jahrhundert fort. Erst beim 2. Vatikanischen Konzil wurde sie am 7. Dezember 1965 formell aufgehoben.

VICTOR II. (1055–1057), *fünfter deutscher Papst*

Mit dem Tod Heinrichs III. und Victors II. endet das Zusammenwirken von Kaiser und Papst an der Kirchenreform.

Heinrich III. bestimmte Gebhard aus dem Geschlecht der Grafen von Dollnstein-Hirschberg im Herbst 1054 zum Nachfolger Leos IX. und damit zum fünften deutschen Papst. Doch Gebhard, Bischof von Eichstätt, Verwandter und Vertrauter des Kaisers, zögerte lange – erst im März 1055 willigte er ein, unter Beibehaltung seines Bistums als Papst Victor II. nach Rom zu gehen. Dort setzte er die Kirchenreform in enger Abstimmung mit dem Kaiser fort. 1056 kam Victor II. wieder nach Deutschland, um das Normannenproblem in Süditalien zu besprechen – und fand Kaiser Heinrich III. auf dem Sterbelager. Er setzte Heinrich III. im Dom zu Speyer bei und richtete die Regentschaft der Kaiserwitwe Agnes ein. 1057 kehrte er nach Italien zurück, wo er plötzlich an Fieber starb.

STEPHAN IX. (1057–1058), *sechster deutscher Papst*

Stephan IX. kämpft acht Monate für kirchliche Reformen.

Papst Stephan IX. führte als enger Mitarbeiter seines Vor-Vorgängers Leo IX. in seinem nur acht Monate dauernden Pontifikat dessen Politik fort – nicht nur in Bezug auf die Bannung der byzantinischen Kirchenfürsten. Wie Leo setzte sich Stephan für innerkirchliche Reformen wie den Zölibat und das Verbot der Simonie ein. Der Papst und andere hohe Kleriker lebten schon seit dem vierten bzw. fünften Jahrhundert zölibatär. Für die einfachen Priester galt dieses Gebot eigentlich auch, doch wurde es bis ins hohe Mittelalter nicht stringent beachtet.

Stephan IX. wurde um 1020 als Friedrich von Lothringen geboren. Sein Vater war Gozelo I., Herzog von Niederlothringen. Friedrich entschied sich für eine kirchliche Laufbahn. Leo IX. holte den dreißigjährigen Geistlichen im Jahr 1050 nach Rom und übertrug ihm sogleich zahlreiche wichtige Funktionen – Friedrich wurde Kanzler, Diakon und Bibliothekar der römischen Kirche. Während des Schismas war Friedrich Abt in Montecassino gewesen. Am 3. August 1057 erfolgte die Inthronisation als Papst. Seine Wahl war zunächst ohne Zustimmung des Kaiserhauses erfolgt. Schließlich akzeptierte die Kaiserwitwe Agnes, die für ihren unmündigen Sohn die Regentschaft führte, die Wahl. Papst Stephan starb am 29. März 1058 in Florenz, als er einen Feldzug gegen die Normannen plante. Er ist im dortigen Dom beigesetzt.

PAPST GREGOR VII. (1073–1085) *und die gregorianische Reform*

Gregor VII. befreit die Kirche aus der Umklammerung der weltlichen Fürsten. Legendär ist sein Zusammentreffen mit Heinrich IV. nach dessen »Gang nach Canossa«.

Gregor VII. gehört zu den wichtigsten Päpsten und zu den bedeutendsten Reformern der römischen Kirche. Sein Name ist mit der nach ihm benannten gregorianischen Reform verbunden. Das Ziel Gregors war es, die Kirche von der Macht der weltlichen Fürsten zu lösen und als freie und unabhängige Macht zu etablieren, die über allen Reichen stehen sollte (*libertas ecclesiae*). Der Papst sollte in allen geistlichen und weltlichen Streitfragen das letzte Wort haben, und das nicht nur in den Ländern, in denen sich die Menschen zur römischen Kirche

bekannten, sondern weltweit. Kein Wunder, dass Gregor sich mit diesem Anspruch innerhalb und außerhalb der Kirche Feinde schuf.
Um Gregors Theologie zu verstehen, ist ein Blick in die Geschichte notwendig. Die byzantinische Kirche hatte sich zu einer Staatskirche entwickelt, die den Kaisern verpflichtet war, während der römischen Kirche nach dem Ende des Weströmischen Reichs viele weltliche Aufgaben zufielen. Nachdem sich die Päpste unter den Schutz der fränkischen Könige gestellt hatten, behandelten diese die Kirche ähnlich wie die byzantinischen Kaiser. Sie sahen sich ganz selbstverständlich auch als Herrscher über den Klerus und beanspruchten das Recht der Investitur, das heißt, sie setzten Geistliche in ihre Ämter ein und suchten sich auch die Päpste aus. Im »dunklen Jahrhundert« hatten zahlreiche unwürdige Personen das Papstamt innegehabt. Viele Mönche sahen dies als unmittelbare Folge der Verweltlichung des Klerus. Sie forderten von den Priestern ein geistliches, fast mönchisches Leben im Zölibat, zwar mit Besitz, aber ohne Reichtümer. Die Simonie sollte abgeschafft werden. Alle geistlichen Ämter sollten nur noch von Klerikern an Kleriker vergeben werden – die Geistlichen sollten nicht mehr durch weltliche Herrscher eingesetzt werden.
Aus dieser mönchischen Reformbewegung stammte Gregor VII. Er wurde um das Jahr 1020 in Sovana (heute zu Sorano bei Grosseto gehörend) als Hildebrand geboren. Seine theologische Karriere begann er als Mönch. Später wurde Hildebrand als Archidiakon der römischen Kirche jedoch zu einer Schlüsselfigur der Kirchenpolitik. 1046 begleitete er Papst Gregor VI., der durch die Synode von Sutri abgesetzt worden war, in die Verbannung nach Köln. Zwei Jahre später ließ sich Leo IX. wohl auch darum zum Papst wählen, weil Hildebrand ihm zuriet. Nach Leos Tod sollte Hildebrand 1054 bereits selbst zum Papst erhoben werden. Kaiser Heinrich III. berief jedoch Gebhard, den Bischof von Eichstätt.
Die Wahl Hildebrands zum Papst 1073 verlief den Quellen zufolge spektakulär. Bei der Beisetzung Papst Alexanders II. in Rom rief das Volk: »Hildebrand soll Papst sein!« Dieser ließ sich als Papst inthronisieren und wählte den Namen Gregor VII. Diese Erhebung per Akklamation war eine Verstoß gegen die Papstwahlordnung von 1059, die den deutschen Königen ein Mitspracherecht einräumte. Im Jahr darauf plante Gregor VII. einen Feldzug gegen die Seldschuken, die Byzanz bedrohten. Dieser Plan wird von manchen als erstes Aufflackern

des Kreuzzugsgedankens gedeutet. Da der Papst jedoch von Konstantinopel verlangte, seine Dominanz über die ganze Christenheit anzuerkennen, kam der Feldzug nie zustande.
1075 ließ Gregor VII. den so genannten »Dictatus Papae« aufzeichnen, 27 Leitsätze, in denen er unter anderem die Vorrangstellung der geistlichen Gewalt gegenüber weltlichen Machthabern betonte. Der Papst allein habe das Recht, die christliche Lehre zu interpretieren, Bischöfe einzusetzen, ja sogar Kaiser und Könige abzusetzen. »Die römische Kirche hat niemals geirrt und wird dem Zeugnis der Schrift nach niemals irren«, lautete der Grundsatz des Papstes. Dabei berief er sich auf die bekannte Bibelstelle, in der Jesus Petrus als den Fels bezeichnet, auf dem er seine Kirche bauen will (Mt 16,18). Mit diesen Leitsätzen war das Schisma zwischen Morgen- und Abendland endgültig besiegelt. Sie formulierten erstmals auch den päpstlichen Unfehlbarkeitsanspruch in dogmatischen Fragen. Die Politik, nach der die Kirche einerseits frei sein, andererseits über alle herrschen soll, verfolgte der Papst auch innerhalb der römischen Kirche. So setzte er sich dafür ein, dass die skandinavischen Bistümer aus der Oberhoheit des Erzbistums Hamburg-Bremen gelöst würden. Dadurch stärkte er die römische Zentralgewalt und minderte den Einfluss der mächtigen Städte des Reiches.
Auf der römischen Fastensynode im gleichen Jahr suspendierte Gregor VII. einzelne deutsche Bischöfe, die nicht erschienen waren. Außerdem lud er fünf Räte König Heinrichs IV. vor, die bereits 1073 wegen der Maßnahmen des Königs bei der Besetzung des Erzbistums Mailand exkommuniziert worden waren. Als Heinrich entgegen seinen Zusicherungen den Mailänder Erzstuhl erneut besetzte, sandte ihm Gregor ein ernstes Protest- und Mahnschreiben, das am Jahresanfang 1076 am Königshof mit Empörung aufgenommen wurde. Als Antwort auf wiederholte Vorhaltungen und Eingriffe des Papstes in Bistumsangelegenheiten nördlich und südlich der Alpen ließ Heinrich auf einem Reichstag in Worms am 24. Januar 1076 ein Absageschreiben an Gregor verfassen, in dem er ihn mit den bekannten Worten »Steige herab, steige herab!« zur Abdankung aufforderte. Er argumentiert darin, dass der Papst im Gegensatz zum König nicht von Gott durch Geburt in sein Amt berufen, sondern von Menschen gewählt werde und damit die geringere Legitimation besitze. Zahlreiche Reichsbischöfe unterstützen Heinrich. Gregor VII. belegte daraufhin

den König und seine Anhänger mit dem Bann, was die politische Ordnung im Reich massiv erschütterte. Der Konflikt ist der Beginn des so genannten Investiturstreits, in dem es unter anderem darum ging, wer die Geistlichen in ihr Amt einsetzen durfte. Der Streit wurde für das Reich erst mit dem Wormser Konkordat von 1122 beigelegt.

Der legendäre »Gang nach Canossa« ist im Deutschen sprichwörtlich für eine Unterwerfungsgeste, gilt den meisten Historikern inzwischen jedoch als diplomatische Meisterleistung Heinrichs IV. Der König wusste, dass er sein Amt verlieren würde, wenn er den Bann nicht lösen konnte. Darum zog er dem Papst entgegen, der sich in Deutschland mit den Gegnern des Königs treffen wollte. Heinrich erreichte den Papst, als dieser in der Burg Canossa weilte. Drei Tage kniete Heinrich im Büßergewand vor der Burg, bis der Papst ihn am 28. Januar 1077 vom Bann löste. Lange galt dieses Ereignis als größte Schmach des deutschen Königtums. Inzwischen wird es eher als Sieg des Königs gewertet. Heinrich zwang dem Papst seinen Willen auf, indem er sich taktisch als reuiger Büßer gab, was Gregor unmöglich ignorieren konnte, wenn er die christlichen Gebote ernst nehmen wollte. Tatsächlich aber war die weitere Vorgehensweise Heinrichs wenig reuevoll: Als seine Gegner 1077 einen Gegenkönig wählten, verlangte Heinrich vom Papst für diesen den Bann. Als sich Gregor auf die Seite des Gegenkönigs Rudolf von Rheinfelden stellte und Heinrich erneut bannte, setzte dieser Erzbischof Wibert von Ravenna als Gegenpapst Clemens III. ein und eroberte 1084 Rom.

Gregor VII. musste in die Engelsburg fliehen, aus der er von normannischen Truppen gerettet wurde. Heinrich IV. ließ sich von Papst Clemens III. zum Kaiser krönen. Papst Gregor VII. starb am 25. Mai 1085 in Salerno, wo er mit einem kleinen Gefolge in der Verbannung lebte. Seine Grabinschrift lautet: »Ich liebte die Gerechtigkeit, ich hasste das Böse, so musste ich in der Verbannung sterben.« Die Inschrift zitiert Psalm 45,8: »Du liebst das Recht und hasst das Unrecht, / darum hat Gott, dein Gott, dich gesalbt mit dem Öl der Freude / wie keinen deiner Gefährten«, und verbindet die Trauer Gregors über die Niederlage mit seiner Heilszuversicht. 1606 wurde Gregor VII. von Papst Paul V. heilig gesprochen.

Die gregorianische Reform wurde stets zwiespältig beurteilt. Einerseits begannen sich die Päpste durch die von Gregor begonnene Politik aus dem »Griff« des Königs zu lösen. Trotz der militärischen Niederlage gelang es seinen Nachfolgern, sich von der Oberhoheit des Kaisers frei zu machen. Andererseits führte die Forderung, dass die Kirche über die weltlichen Dinge bestimmen solle, auch zu ihrer Verweltlichung. Macht und Geldgier drangen in die Kirche ein. Der Kirchenlehrer Petrus Damiani bezeichnete Papst Gregor als den »Heiligen Satan«, obwohl die beiden Männer früher eng zusammengearbeitet hatten. Damiani kritisierte damit heftig Gregors Streben nach weltlicher Macht, die der Theologe als unvereinbar mit seiner Vorstellung von der Kirche ansah. Die beiden Vorstellungen, die Päpste sollten als höchste Geistliche ein mönchisches Leben in Dienst und Kontemplation führen und zugleich über die weltlichen Fürsten herrschen, ließen sich nie in Einklang bringen. Jahrhunderte lang stand das Papsttum in diesem Spannungsverhältnis.

Die Kreuzzüge – der Kampf um das Heilige Land

Die Kreuzzüge waren vielfältig motivierte Kriege gegen Nichtchristen, so genannte Ungläubige, die vom 11. bis zum 13. Jahrhundert geführt wurden. Die Kriege wurden zu Beginn noch nicht als »Kreuzzug«, sondern als »Pilgerfahrt zur Befreiung des Heiligen Landes« bezeichnet. Die Geschichtsschreibung kennt sieben Kreuzzüge. Diese offiziellen Kreuzzüge sind allerdings nur die Kriege, die ins Heilige Land führten, wo Jerusalem als Mittelpunkt der Welt galt. In zeitgenössischen Quellen wurden jedoch weit mehr als fünfzig Kriege als »Kreuzzüge« bezeichnet, darunter Kriege gegen die Wenden, Prußen und Mauren, aber auch Ketzerkriege wie gegen die Katharer. Die Bezeichnung wurde immer dann verwendet, wenn das Kriegsziel religiös gerechtfertigt werden sollte.

Die Kreuzzüge erscheinen vielen Menschen heute als eines der schwärzesten Kapitel der Kirchengeschichte angesichts vieler Grausamkeiten gegen Moslems und Juden, aber auch gegen Christen. Sie müssen aber vor dem Hintergrund der damaligen Zeit beurteilt werden. Kriege waren nicht nur ein allgemein üblicher Teil der Politik, sie waren das wichtigste Mittel der Außenpolitik und wurden auch im Inneren eingesetzt, wenn es darum ging, die eigenen Interessen durchzusetzen und Konkurrenten zu bekämpfen. Wie stand die Kirche zum Krieg? Der heilige Augustinus (354–430) und andere entwickelten die Theorie des gerechten Kriegs, nach der ein Krieg dann gerechtfertigt ist, wenn – vereinfacht gesagt – das Kriegsziel gerecht ist, die Verhältnismäßigkeit der Mittel gewahrt wird, Unschuldige geschont werden und die Beteiligten nicht von sündhaften Motiven wie etwa Geldgier getrieben sind. Die Wirklichkeit entsprach indessen nur selten diesen Kriterien.

Die Kreuzzüge waren eine Reaktion auf die Expansion der islamischen Staaten, eine ziemlich späte Reaktion allerdings, denn die Ausbreitung der Araber bis an die Pyrenäen und die Grenzen des byzantinischen Reichs lag schon mehr als 350 Jahre zurück. Die islamische

Kultur war damals derjenigen der Europäer weit überlegen. In den Wirren der Völkerwanderung hatte Europa nach dem Ende des antiken Römischen Reichs einen kulturellen Rückschlag hinnehmen müssen. Nur die schwer gepanzerten fränkischen Ritter konnten die islamischen Armeen 732 bei Tours zurückschlagen. Damit begann zugleich der Aufstieg der Franken zur europäischen Großmacht. Erst im 11. Jahrhundert hatte sich Europa so weit entwickelt, dass eine militärische Aktion gegen die islamischen Staaten Erfolg zu versprechen schien.
Neben den religiösen Motiven waren es auch soziale Faktoren, welche die Kreuzzüge auslösten. Viele jüngere Adelssöhne hatten keine Aufgabe, da meist nur die ältesten Söhne den Besitz erbten und die Kirchengüter nicht mehr ausreichten, alle jüngeren Söhne zu versorgen. Die Kreuzzüge waren die Gelegenheit für diese Adligen, Besitz und Ehre zu erwerben. Die religiöse Motivation stand trotzdem bei den meisten Teilnehmern im Vordergrund. Sie waren sich völlig sicher, dass sie mit diesen Kriegen Gottes Willen ausführten und sich damit die Vergebung ihrer Sünden erwarben. Die Zerstörung der Grabeskirche in Jerusalem 1009 und die Behinderung christlicher Pilger, die ins heilige Land zogen, waren schließlich die Auslöser der Kreuzzugsbewegung.

DIE SIEBEN ORIENTKREUZZÜGE IM ÜBERBLICK Der *erste Kreuzzug* (1096–99) war auf den ersten Blick militärisch ein Erfolg. Das Heer mit Kreuzrittern aus verschiedenen europäischen Ländern eroberte am 15. Juli 1099 Jerusalem. Allerdings richteten die Ritter ein Massaker unter der islamischen und jüdischen Bevölkerung an, das die Beziehungen zur islamischen Welt nachhaltig verschlechterte. Die Ritter beschrieben ihren Blutrausch selbst als religiöse Raserei. Sie wollten die Folterung Christi rächen. In der Folge entstand im Heiligen Land eine Reihe von Kreuzfahrerstaaten, die jedoch in ständigem Streit lagen. Da die islamischen Staaten ebenso zerstritten waren, bleibt es fünfzig Jahre lang beim Status quo.

Der *zweite Kreuzzug* (1147–49) endete in einem militärischen Desaster. Der Stauferkönig Konrad III. und Ludwig VII. von Frankreich begannen den Kreuzzug gemeinsam, nachdem der Emir von Mossul 1144 die Stadt Edessa zurückerobert hatte. Deutsche und Franzosen zerstritten sich jedoch über die Haltung zum Byzantinischen Reich. Die Franzosen gingen mit Roger II. von Sizilien ein Bündnis gegen Byzanz ein, Konrad unterstützte dagegen den Kaiser in Konstantinopel. Die zerstrittenen Heere mussten nach einer Reihe von Niederlagen unverrichteter Dinge zurückkehren.

Den *dritten Kreuzzug* (1189–92) begann Kaiser Friedrich I. Barbarossa in echter religiöser Begeisterung, nachdem Sultan Saladin 1187 Jerusalem erobert hatte. Saladin hatte die Christen beschämt, indem er sich sanftmütig zeigte und dafür sorgte, dass keinem christlichen Zivilisten in Jerusalem etwas geschah. Der Kreuzzug war von Pech verfolgt. Nach ersten militärischen Erfolgen ertrank der Kaiser am 10. Juni 1190 im Fluss Saleph, sein Sohn Herzog Friedrich von Schwaben starb ein Jahr später bei der Belagerung von Akkon. Der König von England, Richard Löwenherz, und König Phillip II. von Frankreich konnten Akkon 1191 schließlich einnehmen und Sultan Saladin wenigstens die Erlaubnis zu sicheren Pilgerreisen nach Jerusalem abhandeln. So endete dieses große christliche Gemeinschaftsunternehmen mit einem Teilerfolg, der die Erwartungen jedoch nicht erfüllte.

Der *vierte Kreuzzug* (1202–04) brachte einen schweren Rückschlag für den Kreuzzugsgedanken. Papst Innozenz III. rief den europäischen Adel zu einem Krieg gegen Ägypten auf, das inzwischen die wichtigste islamische Macht geworden war. Die Republik von Venedig leitete den Kreuzzug jedoch nach Konstantinopel um, das erobert und geplündert wurde. Das daraufhin gegründete so genannte Lateinische Kaiserreich unter venezianisch-französischer Führung bestand bis zur Rückeroberung Konstantinopels durch den byzantinischen Kaiser 1261. Bis heute belastet die Tatsache, dass die Venezianer den Kreuzzug benutzten, um sich Handelsvorteile zu verschaffen, das Verhältnis der orthodoxen zu den anderen Christen.

Der *fünfte Kreuzzug* (1228/29) war eigentlich ein großer Erfolg. Der gebannte Kaiser Friedrich II. gewann die wichtigsten christlichen Stätten auf dem Verhandlungsweg: Bethlehem, Jerusalem und Nazareth. Doch

Papst Gregor IX. konnte sich zuerst nicht überwinden, diesen Erfolg anzuerkennen, weil er nicht mit der, sondern gegen die römische Kirche zustande kam. Obwohl die Päpste für Friedrichs Erziehung zuständig waren und ihn als König und Kaiser einsetzten, entwickelte der Stauferkaiser seinen eigenen Kopf. Im kulturell vielgestaltigen Palermo aufgewachsen, sprach er Arabisch und kannte die orientalische Kultur. Nachdem der erste Anlauf zum Kreuzzug fehlgeschlagen war, weil Friedrichs Heer wegen Problemen in Sizilien zu spät kam, wurde der Kaiser gebannt und vom Papst als »Schüler Mohammeds« geschmäht. Doch da irrte der Papst. Friedrich verstand zwar die orientalische Kultur und war von ihr beeindruckt, machte sie sich aber nie vollständig zu eigen. Aus Sizilien hatte er den Islam völlig verdrängt. Durch seine Kenntnisse und sein Auftreten konnte er Sultan Elkamil von Ägypten überzeugen, ihm für zehn Jahre die wichtigsten christlichen Stätten zu überlassen. Er ritt wie ein orientalischer Herrscher in Jerusalem ein, sprach mit den Moslems Arabisch und verfügte, dass der Ruf des Muezzins weiter erschallen sollte. Weil kein Priester mit dem gebannten Kaiser einen Gottesdienst feiern durfte, krönte sich Friedrich 1229 selbst zum König von Jerusalem. Nach einem Jahr musste Papst Gregor IX. widerstrebend den Bann von Friedrich nehmen – dessen Erfolg war zu offensichtlich.

Der *sechste Kreuzzug* (1248–54) richtete sich gegen Ägypten. Nachdem Sultan Elkamil gestorben war und Friedrich als König von Jerusalem keine Unterstützung erfahren hatte, hatten ägyptische Truppen Jerusalem 1244 endgültig zurückerobert. König Ludwig IX. der Heilige von Frankreich wollte daraufhin Ägypten erobern, die damalige islamische Großmacht. Doch das französische Heer war den Ägyptern weit unterlegen. Ludwig konnte nur die Hafenstadt Damiette einnehmen, die Zufahrt zum Nil damit aber nicht wie erhofft sperren. Sein zusätzlich durch Krankheiten geschwächtes Heer geriet mit ihm in Gefangenschaft und musste durch ein enormes Lösegeld freigekauft werden.

Im *siebten Kreuzzug* (1270) versuchte Ludwig IX. von Frankreich, diese Schmach wieder wettzumachen. Diesmal wollte er Ägypten über Tunis angreifen. Doch der größte Teil des Heers starb gleich nach der Ankunft an Krankheiten, denen auch der König erlag. Sein Sohn Philipp III. und sein Bruder Karl von Anjou belagerten Tunis, konnten aber nur ein Aufenthaltsrecht christlicher Mönche in der Stadt erreichen. Dieser winzige Erfolg war Makulatur, als das Kreuzfahrerheer, das inzwischen durch englische Truppen verstärkt worden war, vor Tripolis vernichtend geschlagen wurde. Die Fürsten kehrten in ihre Reiche zurück. Sie hatten erkennen müssen, dass Europa nicht in der Lage war, die hoch entwickelten Staaten des Orients wirklich zu schlagen. 1291 mussten die letzten Kreuzfahrer Akkon räumen.

Die Konsequenzen aus den Kreuzzügen sind vielfältig und widersprüchlich. Einerseits erlitten europäische Truppen eine ganze Reihe von schmählichen Niederlagen, mussten letztlich die Stätten aufgeben, in denen Jesus gewirkt hatte, und die Überlegenheit der islamischen Staaten anerkennen. Andererseits beflügelte der Kontakt mit der orientalischen Kultur die wirtschaftliche und kulturelle Entwicklung in Europa enorm. Venedig und andere Handelsstädte in Italien und Spanien erlebten durch den Orienthandel einen unglaublichen Aufschwung. Die Wissenschaften erfuhren einen Schub. Kaiser Friedrich II. führte das Dezimalsystem in Europa ein, das die Araber von den Indern übernommen hatten. Auch die Päpste profitierten von dem Reichtum. Ihre Machtentfaltung im 13. und 14. Jahrhundert resultiert auch daraus. Das Byzantinische Reich wurde jedoch entscheidend geschwächt und schließlich von den Osmanen erobert. Die Vereinigung von lateinischer und orthodoxer Kirche konnte nicht erreicht werden. Ost- und Westkirche blieben einander dauerhaft entfremdet.
Ein besonders dunkles Kapitel der Kreuzzugsgeschichte ist der so genannte Kinderkreuzzug von 1212. Tausende Kinder folgten zwei Altersgenossen, die Jerusalem ohne alle militärischen Mittel befreien wollten. Nur durch den Zug vieler hundert Kinder wollten sie den Sultan überzeugen, die Heilige Stadt den Christen zu überlassen. In Marseille fielen sie Menschenhändlern in die Hände, welche die meisten Kinder als Sklaven nach Alexandria verkauften. Bis heute ist nicht völlig geklärt, warum keine weltliche oder geistliche Macht einschritt.

URBAN II. (1088–1099) *und der erste Kreuzzug*

Ein Papst ruft zum Kreuzzug auf, um die christlichen Stätten des Morgenlandes zu befreien. Einer der Beweggründe für den Aufruf ist sicher, die

Position des Papstes gegenüber dem Kaiser durch diesen Kreuzzug zu stärken, was auch gelingt.

Papst Urban II. rief am 27. November 1095 auf der Synode in Clermont zum ersten Kreuzzug auf. Zuvor hatte der Papst von Gesandten des byzantinischen Kaisers Alexios I. erfahren, dass die Seldschuken Byzanz bedrohten. Alexios bot Urban Vereinigungsverhandlungen an, falls dieser ihm zu Hilfe käme. Der Aufruf des Papstes zum Kreuzzug wurde auf der Synode mit Begeisterung aufgenommen. Wahrscheinlich wurde schon hier der Ruf »Deus vult« (Gott will es) geprägt. Die Menschenmenge, die den Aufruf des Papstes verfolgte, war zu groß für die Kathedrale, so dass Urban auf dem Vorplatz sprechen musste. Die ersten Adligen nahmen unmittelbar nach der Rede das Kreuz. Der Aufruf verbreitete sich schnell, und aus allen Ecken der römisch-christlichen Welt folgten Bewaffnete dem päpstlichen Ruf.
Der Aufruf zum Kreuzzug war die historisch folgenreichste Entscheidung Urbans. Der Geburtsname des Papstes ist nicht ganz sicher. Er wurde um 1042 als Otto, Odo oder Eudes von Châtillon geboren. In Reims besuchte er eine kirchliche Schule und wurde später Domherr der dortigen Kathedrale. Nach einem kurzen Aufenthalt in Rom wurde Otto in das Kloster von Cluny aufgenommen, damals ein bedeutendes Reformzentrum der römischen Kirche. Vom Orden des Klosters wurde Otto wieder nach Rom geschickt, wo er 1078 von Papst Gregor VII. zum Kardinalbischof von Ostia ernannt wurde. Zwischen 1082 und 1085 war Otto päpstlicher Legat in Deutschland und Frankreich. Am 12. März 1088 wurde Otto in Terracina zum Papst gewählt und trat die Nachfolge von Gregor VII. an. Der vom König ernannte Gegenpapst Clemens III. amtierte weiter und konkurrierte mit Urban II.
Die erste Hälfte des Pontifikats Urbans II. war darum ganz dem Kampf gegen die königliche Partei gewidmet. Zuerst sah alles nach einer Niederlage der päpstlichen Seite aus. Die meisten Fürsten schlugen sich auf die Seite Heinrichs IV. Durch geschickte Politik gelang es Urban jedoch, mehrere norditalienische Städte zum Lombardischen Städtebund zu vereinigen und sich wieder eine Machtbasis zu sichern. Außerdem konnte er den Kaisersohn Konrad auf seine Seite ziehen. Doch bis zum Tod Urbans behielt der Kaiser die Oberhand.

Papst Urbans II. Aufruf zum 1. Kreuzzug hatte enorme Folgen für den weiteren Verlauf der Geschichte. Kupferstich des 19. Jahrhunderts aus Großbritannien.

Auch vor diesem Hintergrund muss der Aufruf zum Kreuzzug gesehen werden. Urban einte mit dem Aufruf den tief zerstrittenen französischen Adel, aus dem er selbst stammte. Damit stärkte die päpstliche Partei ihre Machtbasis im Kampf gegen den Kaiser. Die Kurie konnte sich als Vormacht des Christentums darstellen, und der Papst erhielt ein weiteres Druckmittel gegen Kaiser Heinrich IV., Clemens III. und deren Anhänger: Diese waren vom Kreuzzug ausgeschlossen und somit auch von der Chance, auf dieser Pilgerfahrt Sündenablass zu erwerben. Die Synode von Clermont stärkte das Reformpapsttum weiter: Geistlichen wurde verboten, weltlichen Fürsten einen Lehenseid abzulegen, und das Verbot der Laieninvestitur bekräftigt.
Urban II. starb am 29. Juli 1099. Die Nachricht von der Eroberung Jerusalems hat ihn nicht mehr erreicht. Durch seine Politik hatte er die Position der Päpste gegenüber den Königen gefestigt, doch musste er sich den militärischen Erfolgen des Salierkaisers Heinrich IV. beugen. Auch sonst gelang es Urban nicht völlig, den Machtkampf zwischen weltlicher und geistiger Gewalt für sich zu entscheiden. Den Bann gegen den französischen König Philip I., den Urban verhängt hatte, weil dieser seine Frau verstoßen hatte, nahm er bald zurück, um seine Position nicht zu schwächen. Als der englische König Wilhelm II. einen Geistlichen verbannte, weil dieser sich nicht vom König einsetzen lassen wollte, reagierte Urban aus demselben Grund sehr zurückhaltend. Besiegt wurde Heinrich IV. übrigens 1104 von einem Fürstenaufstand unter der Führung seines Sohns Heinrich V. Der Hochadel hatte sich erhoben, weil Heinrich IV. sich auf den niederen Adel gestützt hatte. Dieser Aufstand, der das Ende der Salier einleitete, stärkte das Reformpapsttum weiter.

CALIXTUS II. (1119–1124)

Papst Calixtus II. schließt mit Kaiser Heinrich V. das Wormser Konkordat ab, das den Investiturstreit beendet.

Der Konflikt um die Amtseinführung von Geistlichen war im Reich besonders heftig gewesen, weil in der Reichskirche die Bischöfe weiter reichende weltliche Kompetenzen besaßen als etwa in Frankreich oder England. So hat der Investiturstreit in jenen Ländern nie dazu geführt, dass etwa Könige abgesetzt wurden oder gegen den Papst Krieg geführt hätten. Inzwischen wurde beiden Seiten klar, dass sich in diesem Konflikt keine Seite ganz würde durchsetzen können. Ein Kompromiss musste gefunden werden.

In dem Dokument, das am 23. September 1122 in Worms unterzeichnet wurde, machten beide Seiten deutlich, dass sie die Ansprüche der Gegenseite verstanden und anerkannten. Kaiser Heinrich V. akzeptierte, dass die Kirche ihre Geistlichen ins Amt einführte. Der Papst erkannte das Recht des Kaisers an, den Geistlichen ihre weltlichen Aufgaben zu übertragen. Bei der Personalauswahl wollten beide Seiten zusammenarbeiten. Wenn die deutschen Bischöfe und Äbte gewählt wurden, waren von nun an stets Abgeordnete des Kaisers mit dabei. Ermöglicht hatte den Kompromiss der Theologe Ivo von Chartres, der zwischen den geistlichen (*Spiritualia*) und den weltlichen Aufgaben (*Temporalia*) der Bischöfe unterschied.

Geboren wurde Papst Calixtus II. um 1060 als Graf Guido von Burgund. Er begann eine kirchliche Karriere und wurde schließlich Erzbischof von Vienne. Am 2. Februar 1119 wurde er von den Kardinälen in Frankreich sofort zum Papst gewählt, nachdem sein Vorgänger auf einer Frankreichreise verstorben war.

Die Beilegung des Investiturstreits war Calixtus' II. größter Erfolg im Amt. Der Kompromiss mit dem Kaiser wurde bald zum Vorbild für das ganze Abendland. Auch in England, Frankreich und anderen Staaten, in denen der Investiturstreit weniger in die Vorrechte der Könige eingegriffen hatte, wurde nun zwischen weltlichen und geistlichen Aufgaben der Bischöfe unterschieden, und die beiden Bereiche wurden stärker getrennt.

1123 berief Calixtus II. das 1. Laterankonzil ein. Es hatte vor allem die Aufgabe, die Regeln des Wormser Konkordats zu bestätigen. Es war die erste Synode seit 253 Jahren und überhaupt die erste, die im Westen abgehalten wurde. Alle vorigen Konzile hatten auf dem Gebiet des Oströmischen Reichs stattgefunden. Die Einberufung kam auch deshalb überraschend, weil der Konzilsgedanke dem zentralistischen Amtsverständnis der Päpste inzwischen widersprach. Entsprechend erwartete Calixtus von den Teilnehmern, dass sie seine Beschlüsse bestätigten. Das taten sie dann auch – nicht nur beim Wormser Konkordat, sondern auch bei der nochmaligen Verurteilung von Simonie und

Priesterehe. Papst Calixus II. starb am 13. Dezember 1124 nach einem fünfjährigen Pontifikat mit großen diplomatischen Erfolgen.

INNOZENZ II. (1130–1143)

Papst und Gegenpapst als Spielball zwischen Kaiserreich und Normannen.

Das Hochmittelalter blieb auch nach dem erfolgreichen Kompromiss ein streitsüchtiges Zeitalter. Kaum lebte die römische Kirche in Frieden mit den weltlichen Mächten, brachen Konflikte innerhalb des Klerus auf und führten zu einem achtjährigen Schisma. Nach dem Tod Papst Honorius' II. erhob der päpstliche Kanzler Kardinal Haimerich – unterstützt von einer Minderheitenpartei der Kardinäle – am 14. Februar 1130 Gregorio Papareschi di Guidoni zum Papst; der sich Innozenz II. nannte. Die Mehrheit der Kardinäle wählte noch am selben Tag den Gegenpapst Anaklet II. Die Ursache für diese Doppelwahl waren die unterschiedlichen nationalen Lager innerhalb der Kurie. Innozenz wurde von Frankreich und England unterstützt, Anaklet von den Normannen. Die Kardinäle forderten die Fürsten auf, ihren jeweiligen Papst zu unterstützen. Der deutsche König Lothar III. wurde von beiden Seiten um Hilfe gebeten. Er überließ die Entscheidung einer Synode der deutschen Bischöfe, die sich mehrheitlich für Innozenz aussprachen. Daraufhin zog Lothar mit einem Reichsheer nach Rom. Er konnte aber nicht die ganze Stadt erobern. Während Papst Anaklet im Petersdom und der Engelsburg ausharrte, krönte Papst Innozenz Lothar am 4. Juni 1133 zum Kaiser.

Nachdem der Kaiser wieder abgezogen war, eroberte Anaklet mit Hilfe des normannischen Königs Roger II. Rom zurück. Innozenz musste nach Pisa fliehen. Anaklet regierte in Rom bis zu seinem Tod 1138. Daraufhin wählte die normannische Partei Gregorio Conti zum Gegenpapst Victor IV. Der Zisterzienserabt Bernhard von Clairvaux konnte Victor jedoch überzeugen, Innozenz als würdigeren Papst anzuerkennen und sich ihm zu unterwerfen.

Leider verstand es Innozenz nicht, die Kirche nach dieser versöhnlichen Geste zu befrieden. 1139 berief er das 2. Laterankonzil vor allem deshalb ein, um Anaklet und König Roger zu bannen. Mehr

noch, er wollte Roger militärisch besiegen. Er erlitt jedoch eine vernichtende Niederlage und geriet in Gefangenschaft, in der er am 24. September 1143 starb. Das römische Volk nutzte die Abwesenheit des Papstes und wählte sich einen Senat, um seine Angelegenheiten selbst regeln zu können.
Das 2. Laterankonzil war das zehnte allgemeine nach römischer Zählung. Seine Teilnehmer bannten nicht nur den verstorbenen Gegenpapst Anaklet und den normannischen König, sondern verabschiedeten abermals Reformdekrete gegen Simonie und Priesterehe. Das macht deutlich, dass der niedere Klerus trotz aller Bemühungen der Päpste nicht vom Ämterhandel und von der Ehe lassen wollte.

Das Papsttum und die Staufer

Mit Kaiser Heinrich V., der mit Papst Calixtus II. das Wormser Konkordat geschlossen hatte, erlosch das salische Königsgeschlecht im Mannesstamm. Heinrich war kinderlos gestorben, und die nächsten Verwandten waren die Herzöge von Schwaben aus dem Haus der Hohenstaufen. Friedrich von Hohenstaufen war ein treuer Gefolgsmann Kaiser Heinrichs IV. gewesen, so dass dieser ihm seine älteste Tochter Agnes zur Frau gab und ihn 1097 zum Herzog von Schwaben erhob. 1138 wählten die Fürsten Agnes' Sohn Konrad von Hohenstaufen zum deutschen König Konrad III.

Damit begann eine der erstaunlichsten Erfolgsgeschichten eines deutschen Fürstenhauses. Denn noch hundert Jahre vorher saßen die Staufer als Riesgrafen von Büren in ihrem kleinen Herrenhaus auf der Schwäbischen Alb bei Gmünd. Obwohl sie einen relativ unbedeutenden Titel trugen, müssen die Herren von Büren, die übrigens alle Friedrich hießen, ein recht hohes Ansehen genossen haben. Denn schon die Grafen heirateten Frauen aus dem weiteren Umfeld der Salier, und die Familie besaß umfangreiche Besitzungen. Nachdem Friedrich Herzog von Schwaben geworden war, baute er sich eine repräsentative Burg auf dem Berg Hohenstaufen und nannte sich wie damals üblich nach diesem wichtigsten Sitz der Familie.

Mit der Staufer-Dynastie begann für die Päpste eine weitere Runde der Auseinandersetzung mit den deutschen Königen. Eigentlich erstaunlich, denn weder war die Politik der Staufer gegen das Papsttum gerichtet, noch protegierten die Päpste ein anderes Geschlecht. Der Konflikt drehte sich erneut um die Vorherrschaft im Abendland. Die Investiturfrage war geklärt, doch die Päpste verstanden sich weiter als über dem Kaiser stehend, während sich die Staufer als Herrscher von Gottes Gnaden den Päpsten übergeordnet wussten. So genügten oft kleinste Anlässe, um das misstrauische Verhältnis eskalieren zu lassen.

Nur in der Regierungszeit Konrads III. (1138–1152), des ersten Stauferkönigs, gab es keine Konflikte mit Rom. Der König nahm am zweiten Kreuzzug teil, der für die Armeen des Abendlands in einer militärischen Niederlage endete. Konrad kam gesundheitlich angeschlagen aus diesem Krieg zurück. Im Konflikt zwischen dem römischen Senat und dem Papst wandten sich beide Seiten an den König mit der Bitte um Unterstützung. Konrad schlug sich auf die päpstliche Seite und sollte dafür von Papst Eugen III. zum Kaiser gekrönt werden. Er starb jedoch, bevor er nach Italien aufbrechen konnte.

Der Kampf um die kaiserliche Hoheit in Italien

Auf König Konrad folgte Friedrich I. Barbarossa. Der spätere Kaiser gehört zu den populärsten deutschen Königen des gesamten Mittelalters. Er war der Neffe Konrads. Dieser hatte ihn auf dem Totenbett statt seines minderjährigen Sohns zum Nachfolger bestimmt. Friedrich regierte von 1152 bis 1190, die Hälfte dieser Zeit lag er mit den Päpsten im Streit. Fünfmal führte Friedrich I. Krieg in Italien – einmal für den Papst, viermal gegen ihn.

Nach einem ersten Konflikt um die Besetzung des Bischofsstuhls in Magdeburg hatte sich König Friedrich mit Papst Eugen III. im Konstanzer Vertrag geeinigt und sich verpflichtet, Rom für die Päpste vom Senat zurückzuerobern. Dieser Verpflichtung kam er 1155 nach und wurde dafür von Papst Hadrian IV. zum Kaiser gekrönt. Vor der Krönung hatte es erste Missstimmungen gegeben. Friedrich weigerte sich, das Pferd des Papstes am Zügel zu führen. Das war die traditionelle Geste der Ehrerbietung diesem gegenüber. Der König sah darin jedoch die Unterwerfung eines Vasallen unter seinen Lehnsherrn. Erst als ausdrücklich betont wurde, dass es sich um die »Ehrerbietung gegen die seligen Apostel Petrus und Paulus« handelte, war Friedrich bereit.

Zum Bruch mit dem Papst kam es zwei Jahre später. Anlass war ein Übersetzungsfehler. In einem Schreiben Papst Hadrians IV. war vom Kaisertum als päpstlichem »beneficium« die Rede. Der Kanzler des Kaisers übersetzte »beneficium« nicht mit »Wohltat«, sondern mit »Lehen«. Das Wort konnte beide Bedeutungen haben. Die deutschen Fürsten sahen ihren Verdacht bestätigt, dass sich Hadrian zum Lehensherrn über sie aufschwingen wollte, und stellten sich einmütig hinter den Kaiser. Friedrich verkündete in einem Manifest, dass er das Reich aus der »ungebührlichen Knechtschaft der Päpste« führen werde. Die Rede des Kaisers wurde begeistert aufgenommen, sogar die Bischöfe stellten sich hinter Friedrich. Der Papst erkannte die Gefahr und versuchte zu beschwichtigen. Er stellte klar, dass er in seinem Schreiben tatsächlich »Wohltat« gemeint hatte. Trotzdem verschlechterte sich das Verhältnis der beiden weiter. Obwohl Kardinäle zu schlichten versuchten, brach Friedrich mit einem Heer nach Rom auf, um die Interessen des Reichs durchzusetzen. Hadrian plante, Friedrich zu bannen. Doch noch bevor die Kontrahenten zusammentreffen konnten, starb er.

Nach Hadrians Tod kam es zu einem weiteren Schisma. Die Gegner Friedrichs wählten Papst Alexander III., seine Anhänger die Gegenpäpste Victor IV. und nach dessen Tod Paschalis III. Kaiser Friedrich eroberte Rom und ließ sich im Petersdom von Paschalis 1167 erneut zum Kaiser krönen. Alexander bannte daraufhin den Staufer. Kurz darauf brach in Friedrichs Heer eine Malariaepidemie aus. Der Kaiser flüchtete verkleidet und schaffte es noch knapp vor Wintereinbruch, die Alpen zu überqueren. Erst neun Jahre später kam Friedrich zurück, wurde nun aber von den Streitkräften der norditalienischen Städte und des Papstes besiegt. 1176 einigten sich beide Seiten im Vertrag von Venedig. Friedrich ließ den Gegenpapst fallen und Alexander hob den Bann auf. Damit war ein achtzehn Jahre dauernder Konflikt zu Ende, der das Verhältnis der Päpste zu den Staufern schwer getrübt hatte und die beginnende Teilung des Reichs in einen italienischen und einen deutschen Teil weiter vorantrieb.

Nur wenige Jahre später brach der Konflikt wieder auf. Papst Urban III. weihte jenen Kandidaten zum Erzbischof von Trier, den Friedrich abgelehnt hatte. Als Reaktion darauf eroberte dessen Sohn Heinrich mit einem Heer das Patrimonium Petri. Erneut stellten sich die deutschen Bischöfe und Fürsten hinter ihren König. Erst unter Papst Clemens III. besserte sich das Verhältnis. Der Papst konnte Friedrich von einem neuen Kreuzzug (dem Dritten) überzeugen. Jedoch ertrank der Kaiser auf dem Hinweg im Fluss Saleph (heute Göksu) in Süd-Anatolien (Türkei). Die Regentschaft Friedrich Barbarossas gilt als exemplarisch für die Konflikte zwischen deutschen Königen und Päpsten im Hochmittelalter. Beide Seiten waren überzeugt, den Willen Gottes zu befolgen und von ihm eingesetzt zu sein. Und obwohl beide der Verbreitung des römisch-katholischen Glaubens verpflichtet waren, lagen sie dauernd im Streit – oder gerade deswegen.

Nur widerwillig ließ sich Friedrich Barbarossa
zu der Ehrerbietungsgeste überreden, das Pferd des Papstes
bei dessen Einzug nach Rom am Zügel zu führen.
Fresco aus dem 15. Jahrhundert im Palazzo Publico, Siena.

PAPST HADRIAN IV. (1154–1159)

Der bis dahin einzige Engländer auf dem Stuhl Petri vertieft den Graben zwischen Staufern und Papst.

Hadrian IV. wurde als Nicholas Breakspear gegen 1100 in St. Albans in Hertfordshire in England geboren. Er war der bis heute einzige Papst englischer Nationalität. Nicholas erhielt seine theologische Ausbildung in Frankreich und wurde später Abt des Chorherrenstiftes St. Rufus bei Avignon. Papst Eugen III. ernannte ihn 1149 zum Kardinalbischof von Ostia. In dieser Zeit errichtete er als päpstlicher Legat das Erzbistum Nidaros (mittelalterlicher Name von Trondheim in Norwegen). Am 4. Dezember 1154 wurde er zum Papst gewählt.
Der Machtanspruch Hadrians IV. führte schließlich zum Konflikt mit Friedrich I. Zuvor jedoch wurde Friedrich von Hadrian am 18. Juni 1155 zum Kaiser gekrönt, nachdem er Rom für die Päpste zurückerobert hatte. Barbarossas Wort von der »ungebührlichen Knechtschaft der Päpste«, in die das Reich geraten sei, wurde von den Fürsten begeistert aufgenommen. Der Kaiser war aber nur *ein* Feind des Papstes. König Wilhelm I. von Sizilien vertrieb Hadrian aus Rom. 1156 konnte sich der Papst mit dem Normannen aber wieder versöhnen. Allerdings führte dies zum endgültigen Bruch mit dem Kaiser, der in der Belehnung Wilhelms durch den Papst eine Verletzung kaiserlicher Souveränität sah.
Hadrian IV. versuchte sich mit den lombardischen Städten gegen Friedrich zu verbünden und erwog, den Kaiser zu bannen. Ehe es jedoch dazu kommen konnte, starb Hadrian am 1. September 1159 in Anagni. Mit seinem Tod war der Konflikt noch lange nicht vorbei. Im Gegenteil – Gegner und Anhänger des Kaisers wählten zwei Päpste und vertieften damit den Graben noch einmal erheblich.

PAPST ALEXANDER III. (1159–1181)

Papst Alexander III. zwingt Kaiser Friedrich I. und den englischen König in die Knie.

Papst Alexander III., der um 1105 als Rolando Bandinelli geboren wurde, rang fast zwanzig Jahre lang mit Kaiser Friedrich I. um die Vorherrschaft im Abendland. Dass diese beiden Männer so heftig aneinander gerieten, war kein Zufall. Denn es war ausgerechnet Bandinelli gewesen, der 1157 dem Kaiser das erwähnte päpstliche Schreiben überbracht hatte, dessen Übergabe den Konflikt ausgelöst hatte. Mehr noch: Bandinelli hatte das Dokument selbst mitverfasst. Als die deutschen Fürsten nach der Übersetzung in Rage gerieten, goss er noch Öl ins Feuer. »Von wem hat der Kaiser sein Amt, wenn nicht vom Herrn Papst?«, soll er gerufen haben – was Otto I. von Wittelsbach dazu gebracht haben soll, sein Schwert gegen den päpstlichen Legaten zu ziehen. Der Kaiser konnte ihn gerade noch beruhigen und verwies die Legaten des Landes. Es erscheint von daher verständlich, dass Friedrich die Wahl dieses Mannes zum Papst als Kampfansage auffasste und einen Gegenpapst aufstellte.

Rolando Bandinelli entstammte einer vornehmen Sieneser Familie. Von etwa 1142 an war er Dozent für Theologie in Bologna und lehrte dort vorwiegend kanonisches Recht, später wurde er Mitglied des Domkapitels in Pisa. 1148 rief ihn Papst Eugen III. nach Rom und ernannte ihn 1150 zum Kardinaldiakon von Santi Cosma e Damiano. 1151 stieg er zum Kardinalpriester von San Marco auf und wurde 1153 päpstlicher Kanzler. Seine Wahl zum Papst verlief dramatisch. Ursprünglich hatten die Kardinäle vereinbart, dass die Wahl einstimmig fallen soll. Doch nur eine Mehrheit, wenn auch eine deutliche, konnte sich auf Bandinelli einigen. Eine kaiserfreundliche Minderheit stimmte für Octaviano de Montecello. Entgegen der Vereinbarung hielten sich beide Kandidaten für gewählt, und es kam sogar zu einem Handgemenge, in dem Montecello seinem Rivalen Bandinelli den päpstlichen Mantel vom Körper riss.

Zehn Tage später wurden beide Männer von Kardinälen aus ihren Lagern zum Papst geweiht. Bandinelli nahm den Namen Alexander III. an, Montecello nannte sich Victor IV. und gilt heute als Gegenpapst. Auf Alexanders Seite standen unter anderem Frankreich, Spanien und England. Im folgenden Jahr bannten der Papst und der Gegenpapst einander und die jeweiligen Anhänger. Diese Ereignisse waren der Beginn eines Kriegs. Zuerst waren Friedrichs Truppen siegreich, und Alexander musste nach Frankreich ins Exil gehen. 1176 erlitt der Kai-

ser eine empfindliche Niederlage und erkannte Alexander daraufhin im Vertrag von Venedig als rechtmäßigen Papst an.
Einen weiteren heftigen Streit musste Alexander mit dem englischen König austragen. Heinrich II. hatte 1164 mit den »Constitutions of Clarendon« die Kirche der weltlichen Macht untergeordnet. Nach sechsjährigem Konflikt wurde wegen dieses Streits Thomas Becket, der Erzbischof von Canterbury, ermordet. König Heinrich musste daraufhin die »Constitutions« wieder aufheben und sich am 12. Juni 1174 in der Kathedrale zu Canterbury einer Geißelung unterziehen sowie anschließend eine ganze Nacht am Grab des heiligen Thomas Becket auf den Knien liegend beten.
Die Triumphe Alexanders über den deutschen und den englischen König blieben Episoden. Bis heute gelten jedoch die Regelungen zur Papstwahl, die er eingeführt hat. Für die Erneuerung dieser Regeln berief Alexander 1179 das 3. Laterankonzil ein, an dem etwa dreihundert Bischöfe teilnahmen. Das Konzil verfügte, dass die Päpste künftig mit einer Mehrheit von zwei Dritteln der Kardinäle gewählt werden müssen – eine pragmatische Regelung, die deutlich von Alexanders Erlebnissen bei seiner Wahl geprägt ist. Er hoffte, dass Schismen damit künftig vermieden werden konnten. Diese Hoffnung hat sich jedoch nicht erfüllt. Außerdem verabschiedeten die Konzilsteilnehmer Reformdekrete zur Stärkung der Bildung – jede Kathedralkirche musste von nun an eine Schule besitzen – und verurteilten die Lehren der Waldenser und Katharer.
Den Konflikt mit den Römern konnte Alexander nicht lösen. Sie lehnten ihn weiter ab. Der Papst starb am 30. August 1181 im Exil von Civita Castellana. Seine Gebeine wurden zwar nach Rom überführt, doch sein Grab wurde vom römischen Volk zerstört.

Die Eingliederung des Normannenerbes Sizilien in das Stauferreich

Kaiser Friedrichs I. Sohn Heinrich folgte seinem Vater als deutscher König. Obwohl sein Vater ihn in seinen letzten Jahren in die Regierungsgeschäfte einbezogen hatte und ihn schon mit zwei Jahren zum deutschen König krönen ließ, um Nachfolgestreitigkeiten zu vermeiden, erwies sich Heinrich nicht als würdiger Nachfolger. Während

Friedrichs Charakter selbst seine Gegner beeindruckt hatte, zeichnete sich Heinrich durch eine unglaubliche Grausamkeit aus. Sein Ziel war, die Größe und die Macht des Reichs zu neuen Höhen zu führen. Das gelang ihm auch, obwohl er nur sieben Jahre regierte (1190–1197) – doch er machte sich damit Feinde in ganz Europa.

König Heinrich VI. konnte das Stauferreich vor allem durch das Erbe seiner Frau Konstanze vergrößern, die Sizilien geerbt hatte, nachdem das normannische Königshaus im Mannesstamm erloschen war. Zwar hatte der sizilianische Adel einen Halbbruder des verstorbenen Königs mit Namen Tankred zum Nachfolger gewählt, doch gelang es Heinrich nach Tankreds Tod, die Insel im zweiten Anlauf zu erobern und sich zum König von Sizilien krönen zu lassen. Währenddessen erhoben sich die deutschen Fürsten gegen Heinrich. Dem König gelang es, den Aufstand niederzuschlagen. Seine unterlegenen Feinde folterte er mit einer Grausamkeit, die selbst den an Gewalt gewöhnten Menschen des Mittelalters unerträglich war.

Vom neu gewählten Papst Coelestin III. wollte sich Heinrich zum Kaiser krönen lassen. Der Papst wollte Heinrich wegen seiner Politik aber nicht krönen und schob seine eigene Weihe hinaus in der Hoffnung, dass Heinrich abziehen würde. Die Römer versprachen, den Papst zur Konsekration zu zwingen, wenn sie dafür Tusculum, eine kaisertreue Stadt in der Nähe Roms, erhalten würden. Daraufhin überließ Heinrich die Stadt den Römern, die sofort alle Einwohner massakrierten – ein unglaublicher Treuebruch. Eingeschüchtert ließ sich Coelestin noch am selben Tag weihen und krönte Heinrich VI. am Karfreitag 1191 zum Kaiser.

Mit England im Besonderen, aber darüber hinaus mit den meisten europäischen Fürsten verfeindete sich Heinrich, als er zu Beginn des Jahrs 1193 den englischen König Richard I. Löwenherz gefangen nahm und ein gewaltiges Lösegeld von England erpresste. Ironischerweise waren beide Männer Abenteurer und entsprachen mehr dem Bild eines Raubritters als dem eines besorgten Landesherrn. Doch einen König gefangen zu nehmen, mit dessen Land es überhaupt keinen Konflikt gab und der sich noch dazu auf dem Rückweg von einem Kreuzzug befand, war ohne Beispiel – das konnte außer Heinrich niemand im Abendland mehr als gelungenen Überraschungscoup ansehen. Auch die Beziehungen zum Papst verschlechterten sich. Die Kurie war sowieso in steter Sorge, seit sie vom Stauferreich umzingelt war. Im Norden lag das römisch-deutsche Reich, im Süden das Königreich Sizilien. Um die Beziehungen zu verbessern, versprach Heinrich, einen neuen Kreuzzug zu unternehmen. Bei den Vorbereitungen starb er 1197 mit nur 31 Jahren an Malaria. Sofort kamen Gerüchte auf, seine Frau habe mit Gift nachgeholfen, was den Ruf Heinrichs noch einmal deutlich macht.

Nach Heinrichs Tod brachen sofort Aufstände in Italien aus; in Deutschland wählten die Fürsten zwei konkurrierende Könige, was in einen 15-jährigen Bürgerkrieg mündete. Eigentlich war Heinrichs Sohn Friedrich schon mit zwei Jahren zum deutschen König gewählt worden, doch nun begann ein Machtkampf, in dem niemand mehr an den kindlichen König dachte. Die Fürsten spalteten sich in eine staufertreue und eine welfentreue Partei. Die Welfen waren wie die Staufer mit den Saliern verwandt, und auch sie hatten nach deren Ende Ansprüche auf den Thron erhoben. Die Anhänger der Staufer wählten nun Philipp von Schwaben zum König, den jüngsten Sohn Kaiser Barbarossas. Die Partei der Welfen hob Otto IV., den Sohn Heinrichs des Löwen, auf den Thron. Richard I. Löwenherz von England unterstützte die Welfen großzügig. Er ließ sich seine Rache an den Staufern einiges kosten. Auch der französische König mischte sich ein und füllte die Säckel der Staufertreuen. Beide Parteien führten in der Folge gegeneinander Krieg, in dessen Verlauf sich die staufische Seite als stärker erwies. 1205 konnte sich König Philipp zum zweiten Mal krönen lassen, dieses Mal zum allgemein anerkannten König. Doch schon 1208 wurde er vom Pfalzgrafen Otto von Wittelsbach ermordet. Es war der erste Königsmord im Reich und für die Zeitgenossen ein unerhörtes Ereignis. Dabei hatte der Graf kein politisches Motiv. Philipp hatte ihm eine seiner Töchter versprochen, das Verlöbnis jedoch wieder zurückgenommen, was Otto so erzürnte, dass er sich zu dem Mord hinreißen ließ.

Nach Philipps Tod blieb der Welfe Otto IV. gewissermaßen als König übrig. Schon um die Umklammerung durch das Stauferreich zu beenden, erkannte Papst Innozenz III. König Otto sofort an und krönte ihn am 4. Oktober 1209 zum römischen Kaiser. Doch noch während seines Aufenthalts in Rom zeigte dieser ein wenig papsttreues Verhalten. Seine Soldaten begannen blutige Händel mit den römischen Bürgern, und Otto selbst schickte sich an, Sizilien zu erobern, obwohl er Innozenz zugesichert hatte, genau das nicht zu tun. Plötzlich fiel den deutschen Fürsten und dem Papst ein, dass Kaiser Otto »stark, aber sonst hochfahrend und dumm« war – wie es die Fürsten formulierten. Und sie erinnerten sich an Friedrich, den Sohn Heinrichs VI., der als 17-jähriger König Sizilien regierte. Ihn luden sie ein, als letzter männlicher Staufer deutscher König zu werden, nachdem Innozenz den Kaiser gebannt hatte.

Friedrich war nach dem frühen Tod seiner Mutter in Palermo aufgewachsen, am Hofe der sizilianischen Könige, also der Familie seiner Mutter. Zeitgenossen behaupteten, er sei wie ein Straßenjunge in den Gassen Palermos herumgestreunt, was Historiker aber für übertrieben halten. Wahr ist aber wohl, dass die Familie so arm war, dass sich der kleine König oft nur dann satt essen konnte, wenn er bei den reichen Familien des Landes zu Gast war. Eigentlich war Papst Innozenz III. der Vormund des Jungen, doch er kümmerte sich erst um seinen Schützling, als er den 14-jährigen mit Konstanze von Aragon vermählte, die elf Jahre älter war. Überraschenderweise wurde es eine glückliche Ehe. Durch die vielen Kontakte mit den Bürgern Palermos, das damals eine Weltstadt mit Einwohnern aus allen Winkeln Europas und des Orients war, wurde Friedrich zu einem kosmopolitischen Menschen und Herrscher, wie ihn das Abendland bis dahin noch nicht gesehen hatte.

Die Amtsübernahme Friedrichs geriet zu einem dramatischen Wettlauf. Otto IV. führte in Thüringen Krieg, als er erfuhr, dass sein Rivale Friedrich auf dem Weg nach Konstanz war. Sofort machte er sich in Gewaltmärschen auf in Richtung Bodensee. Friedrich hatte sich mit gerade einmal sechzig Getreuen zwei Monate lang über die Alpen gekämpft. Er erreichte Konstanz, als Otto in Überlingen eintraf. Die Konstanzer hatten sich eigentlich auf den Empfang Ottos vorbereitet, dessen Leibköche bereits die Tafel vorbereitet hatten. Friedrich stand vor verschlossenen Toren, doch als der päpstliche Legat die Bannbulle gegen den »ehemaligen König Otto« verlas, schlugen sich die Konstanzer auf die Seite des Staufers, und Friedrich durfte sich an Ottos Festtafel gütlich tun. Kein Drehbuchautor hätte sich die Ereignisse dramatischer ausdenken können.

Zwischen dem Papst und König Friedrich II. herrschte Einvernehmen. Der König stattete Papst Innozenz III. seinen Dank für die Unterstützung ab und erneuerte in der Goldenen Bulle alle Zusagen an Rom. Das gute Verhältnis setzte sich unter Papst Honorius III. zunächst

fort, obwohl es 1219 zu ersten Missstimmungen gekommen war, da der erste Anlauf zum fünften Kreuzzug gescheitert war, weil Friedrich sein Versprechen teilzunehmen nicht einlösen konnte. Doch noch hatte der Papst Verständnis dafür, dass der König seine Herrschaft sichern musste. Nachdem Friedrich 1220 offiziell zum König gewählt worden war, krönte ihn Honorius noch im selben Jahr zum Kaiser. Friedrich II. war eine außergewöhnlich vielseitig gebildete Persönlichkeit; er hatte den Ruf eines »stupor mundi«, weil er die Welt seiner Zeit tatsächlich »in Erstaunen versetzte«. Er sprach mehrere Fremdsprachen, darunter Arabisch. In seiner Leibgarde dienten auch Soldaten, die sich zum Islam bekannten. Er interessierte sich für die Errungenschaften anderer Kulturen, weil er von ihnen lernen wollte. Sein Buch über die Falkenjagd »De arte venandi cum avibus« wird bis heute in Fachkreisen gelesen.
1227 verhängte Papst Gregor IX. über Friedrich den Bann. Der Kaiser hatte versprochen, spätestens bis zu diesem Termin einen Kreuzzug zu beginnen, sonst sollte ihn der Bann treffen. Tatsächlich erfüllte Friedrich sein Versprechen, musste kurz darauf jedoch wegen Krankheit zurückkehren. Der Papst glaubte Friedrich nicht, obwohl dieser ihm versprach, gleich im kommenden Jahr erneut aufzubrechen, und bannte den Kaiser noch einmal. Historiker gehen davon aus, dass sich der Papst von Gegnern Friedrichs einreden ließ, der Kaiser habe sich drücken wollen. Ungeachtet dessen fuhr Friedrich tatsächlich 1228 ins Heilige Land und erreichte einen Verhandlungserfolg, ohne die Waffen auch nur ein einziges Mal eingesetzt zu haben. Der ägyptische Sultan überließ Friedrich die wichtigsten christlichen Stätten für zehn Jahre, Friedrich verzichtete auf den Tempelberg in Jerusalem. Papst Gregor reagierte etwas verschnupft, weil der Kaiser ohne die Kirche mehr erreicht hatte als alle Könige mit dem Segen der Kirche zuvor. Es blieb ihm aber nichts anderes übrig, als 1230 den Bann von Friedrich zu nehmen.
Neun Jahre später bannte Gregor den Kaiser erneut. Er warf ihm vor, die Zusagen an die Kirche nicht einzuhalten. Es gibt nichts zu beschönigen: Dieses mal ging es allein um militärische Macht. Der Papst wollte den Kaiser dazu zwingen, Sizilien an die Kirche zu geben, um die Umklammerung des Kirchenstaats aufzuheben. Friedrich besetzte den Kirchenstaat und kesselte Rom ein. Damit verhinderte er, dass Gregor eine Synode einberief. 1241 starben Gregor und sein Nachfol-

ger Coelestin IV. innerhalb weniger Tage. Friedrich hoffte auf eine Verständigung mit den neuen Papst Innozenz IV., der sich dem Kaiser gegenüber wohlwollend gezeigt hatte. Innozenz fürchtete sich jedoch vor der militärischen Macht des Kaisers und floh nach Lyon. Dort berief er ein allgemeines Konzil ein. Nachdem sich die Beziehungen zwischen Papst und Kaiser nach dem Fall Jerusalems wieder verschlechtert hatten, setzte das Konzil Friedrich als Kaiser ab. Dieser bestritt die Rechtmäßigkeit dieses Beschlusses und warf seinerseits den Päpsten vor, die apostolische Lebensweise verlassen zu haben. Der Konflikt blieb ungelöst. Friedrich musste seinem eigenen Sohn entgegentreten, der sich gegen ihn erhoben hatte, und den deutschen Fürsten widerstehen, die einen Gegenkönig gewählt hatten. Innozenz musste sich mit dem Vorwurf auseinandersetzen, er habe wegen des Streits um Sizilien die Niederlage beim sechsten Kreuzzug verursacht und solle sich gefälligst mit den Deutschen aussöhnen. Mitten in dieser unklaren Lage starb Friedrich II. 1250 mit 55 Jahren in Apulien. Mit Friedrichs Tod versank das römisch-deutsche Reich im Chaos. Sein Sohn und Nachfolger Konrad IV. regierte nur vier Jahre und starb dann an Malaria. Es begann die »schreckliche, die kaiserlose Zeit« des Interregnums. Die Päpste setzten ihren Krieg gegen die Staufer fort. Sie boten das Königreich Sizilien Karl von Anjou an, der als König von Sizilien Friedrichs Sohn Manfred im Kampf tötete und dessen Kinder bis zu ihrem Tod einkerkerte. Konradin, Konrads Sohn, war der letzte Staufer. In jugendlichem Heldenmut zog er, erst sechzehn Jahre alt, über die Alpen und fiel durch Verrat Karl von Anjou in die Hände, der ihn 1268 hinrichten ließ und damit die Dynastie auslöschte.

INNOZENZ III. (1198–1216) *und die »geistliche Weltherrschaft«*

Das Pontifikat Innozenz' III. gilt Historikern als Höhepunkt der weltlichen Macht des Papsttums im Mittelalter. Dabei profitiert er von der Schwäche des Reichs während der Auseinandersetzungen zwischen Staufer- und Welfen-Partei.

Innozenz konnte das Territorium des Kirchenstaats fast verdoppeln, indem er unter anderem die Toskana, die Mark Ancona und das Herzogtum Spoleto hinzugewann. Sein Pontifikat macht aber zugleich die Probleme seiner »geistlichen Weltherrschaft« deutlich. Der Vatikan wurde zu einem Mitspieler im Machtpoker der Herrscher. Machtpolitische Erwägungen überlagerten die kirchlichen Aufgaben des Papstes. Im Zenit der weltlichen Macht wurden schon die Ursachen für die spätere Abhängigkeit der Päpste von den weltlichen Mächten sichtbar. Innozenz III. wurde als Graf Lotàrio von Segni um die Jahreswende 1160/61 auf dem Kastell Segni in Gavignano geboren. Dem Schulbesuch im St.-Andreas-Kloster in Rom folgten Studien an der Pariser Universität bei dem berühmten Theologen Pierre von Corbeil und ein Studium der Juristik und Kanonistik in Bologna. Im November 1187 wurde er durch Papst Gregor VIII. persönlich zum Subdiakon geweiht und stieg 1189 zum Kardinaldiakon in Rom auf. Graf von Segni galt als hervorragender Theologe und ausgezeichneter Jurist und Kenner des Kirchenrechts.

Am 8. Januar 1198 wurde er im zweiten Wahlgang zum Papst gewählt, nachdem er im ersten die Zweidrittelmehrheit verfehlt hatte. Zuerst konzentrierte sich seine Aufmerksamkeit auf das Kirchenrecht, später widmete er sich vor allem machtpolitischen Bestrebungen und dem Kampf gegen Häretiker. Dabei warfen ihm schon zu Lebzeiten Kritiker vor, dass er mit unangemessener Gewalt vorgehe.

1209 initiierte der Papst den Albigenserkreuzzug. Dabei wurde der Kreuzzugsgedanke erstmals auf einen Krieg gegen Ketzer übertragen. Die Katharer oder Albigenser genannte Sekte vertrat eine dualistische Lehre, nach der es ein Prinzip des Guten und ein Prinzip des Bösen gibt, die einander bekämpfen. Durch Wanderprediger, die durch Europa zogen, fand die Sekte schnell viele Anhänger, vor allem in Südeuropa. Ihr asketisches Auftreten erschien vielen einfachen Leuten näher an Jesu Leben als die Pracht der Kirche. Dabei verlangte die Gruppe ihren Mitgliedern einiges ab, darunter den völligen Verzicht auf Sexualität und strikt vegetarische Ernährung. Die Katharer kannten allerdings auch eine Art Sympathisantenstatus, der weniger streng war.

Mit Innozenz' Billigung verübten weltliche Fürsten regelrechte Massaker unter den Katharern. Die südfranzösischen Orte Béziers und Minerve wurden völlig niedergemacht und Zehntausende Menschen ermordet. Dies konnte die Attraktivität der Sekte nicht schmälern, sondern beeinträchtigte nur den Ruf der römischen Kirche. Erst als

Mit der Anerkennung des Franziskanerordens band Papst Innozenz III. Franziskus' Armutsbewegung diplomatisch geschickt in die Kirche ein. Gemälde (Öl auf Leinwand) des 15. Jahrhunderts im Klarissenstift in Tordesillas.

Innozenz die Orden der Franziskaner und der Dominikaner zuließ, konnte die Kirche ihre verlorenen Gläubigen zurückgewinnen. Diese Bettelorden vertraten ein ähnliches asketisches Ideal wie die Katharer, bewegten sich allerdings im Rahmen der römischen Kirche. Dass er den Bettelorden des Franziskus von Assisi legalisierte, der zuvor bei einigen Theologen ebenfalls im Verdacht der Häresie gestanden hatte, zeigte, dass Innozenz auch über diplomatisches Geschick verfügte.
Auf den Kampf gegen die genannten Abweichungen geht auch Papst Innozenz' Anordnung vom Jahr 1199 zurück, dass die Bibel bei nicht kirchlichen Zusammenkünften nicht mehr gelesen werden dürfe. Das war direkt gegen die Katharer und die Waldenser gerichtet, bei deren Zusammenkünften Lesungen aus oft recht frei übersetzten Evangelien eine wichtige Rolle spielten. Schließlich wurde auf den Synoden von Toulouse und Tarragona Laien der Besitz von Bibelübersetzungen verboten. Diese Trennung der einfachen Gläubigen von der Heiligen Schrift war später mit ein Grund dafür, dass der Protestantismus anfangs so große Erfolge verzeichnen konnte.
Im Streit zwischen den Staufern und den Welfen sah sich Innozenz als Richter. Er betonte, dass dem Papst die letzte Entscheidung in dieser Frage zustehe. Dann musste er allerdings erleben, dass sein Favorit Kaiser Otto IV. sich unmittelbar nach der Krönung gegen ihn wandte und versuchte, den Kirchenstaat und Sizilien zu erobern. Mit dessen Nachfolger Friedrich II. hatte Innozenz ein gutes Verhältnis, obwohl der aus der als papstkritisch bekannten Dynastie der Staufer stammte. Innenpolitisch sicherte sich Innozenz dadurch ab, dass er Verwandte und Freunde mit Posten versorgte.
Zum größten Desaster seines Pontifikats geriet der vierte Kreuzzug 1202 bis 1204. Statt das Heilige Land zu erobern, plünderten und verwüsteten die Kreuzfahrer das christliche Byzanz. Doch traf daran den Papst höchstens eine geringe Schuld. Die Kreuzfahrer hatten sich von der Republik Venedig überreden lassen, ihr Ziel zu ändern. Da es offensichtlich war, dass die Venezianer damit rein wirtschaftliche Interessen verfolgten und ihren größten Konkurrenten auf den Handelsrouten des Mittelmeers ausschalten wollten, nahm der Kreuzzugsgedanke erheblichen Schaden. Dass die Eroberer versuchten, die Bürger von Konstantinopel gewaltsam zur römischen Kirche zu bekehren, zementierte die Kirchenspaltung. Das war auch der Grund da-

für, dass die Byzantiner später selbst in der akuten Bedrohung durch osmanische Truppen eine Union ablehnten.
Im November 1215 tagte das 4. Laterankonzil in Rom, das 12. allgemeine. Mit 400 Bischöfen und 800 Äbten war es das größte Konzil des Mittelalters. Innozenz hoffte, mit dem Konzil die Ost- und die Westkirche wieder zusammenführen zu können, was angesichts des Kreuzzugs elf Jahre zuvor doch etwas blauäugig erscheint. Die eingeladenen Byzantiner erschienen dann auch nicht in der Lateranbasilika, sondern sandten nur ein Schreiben, in dem sie noch einmal die offenen Fragen zwischen den beiden Kirchen zusammenfassten. Das Konzil bekräftigte die grundlegenden Positionen der römischen Kirche zum Abendmahl, zur Taufe, zur Ehe und zu weiteren zentralen Themen. Viele der Formulierungen des hoch gebildeten Papsts gelten bis heute. Außerdem verurteilte das Konzil noch einmal die Häresien der Katharer und Waldenser.
Innozenz starb am 16. Juli 1216 im Alter von 55 Jahren in der Nähe von Perugia und wurde in der dortigen Kathedrale beigesetzt. 1891 wurde sein Leichnam nach Rom überführt und von Papst Leo XIII. in San Giovanni in Laterano beigesetzt. Dass sein Pontifikat auch in der Kirche nicht unumstritten war und ist, mag die Tatsache zeigen, dass er trotz seiner historischen Bedeutung und seiner weltlichen Erfolge weder selig- noch heiliggesprochen wurde.

Die Inquisition

Die Inquisition gehört zu den dunkelsten Kapiteln der Kirchengeschichte. Tausende Menschen fielen Ketzerprozessen oder Hexenverfolgungen zum Opfer. Die Geschichte der Inquisition ist jedoch komplexer, als sie in der Öffentlichkeit oft wahrgenommen wird. Der Begriff Inquisition – im Wortsinn: (gerichtliche) Untersuchung – bezeichnete zunächst nur eine bestimmte Prozessordnung im Mittelalter, bei der keine Sachbeweise, sondern nur die Befragung – lateinisch: *inquisitio* – von Zeugen zugelassen war. Dieser Ordnung folgten auch die kirchlichen Prozesse gegen Häretiker, wodurch sich die Bezeichnung auf diese übertrug.

Seit die christliche Religion von Konstantin staatlich anerkannt wurde, wurden Abweichler von der weltlichen Macht verfolgt. Die Kirche kannte schon vorher die Exkommunikation gegen Häretiker und behielt diese auch bei. Die Fürsten sahen in Religionsstreitigkeiten jedoch eine Gefahr für die öffentliche Ordnung. Für sie waren Häretiker gleichbedeutend mit Aufrührern und wurden wie diese mit dem Tod bestraft. Die Entscheidung, wer ein Häretiker war, fällte dabei der jeweilige Bischof. So konnten zeitweise verschiedene Lehren als häretisch gelten. Diese frühen Meinungsverschiedenheiten wurden von den allgemeinen Konzilen entschieden.

Mehr als tausend Jahre lang entschieden nur der Papst oder die Bischöfe über Häresien, kannte die Kirche keine Institution, der diese Aufgabe übertragen war. Die Situation änderte sich erstmals, als im 13. Jahrhundert die Waldenser und Katharer massenhaften Zulauf verzeichnen konnten. Nicht nur, dass die römische Kirche zum ersten Mal fürchten musste, dass sich große Teile der Christen von ihr abwenden könnten – die große Zahl der Personen, die nun von der Inquisition befragt werden musste, überforderte die bisherigen Strukturen bei weitem. Darum übertrugen die Päpste um das Jahr 1230 verschiedenen Orden Aufgaben der Inquisition. Das war der Beginn der Heiligen Inquisition als eigenständiger Einrichtung. Vor allem die Dominikaner wurden mit der Suche nach Ketzern betraut. Diese Professionalisierung hatte zur Folge, dass die Inquisition schärfer wurde.

Wer für die Verfolgung von Ketzern zuständig ist, sucht seine berufliche Erfüllung darin, möglichst viele dieser Personen zu entlarven. Ähnlich war es bei der Folter. Sie war in einer Zeit, in der nicht einmal Fingerabdrücke bekannt waren, ursprünglich als letztes Mittel gedacht, Verbrecher zu überführen. Sicherheitsvorschriften sollten Missbrauch verhindern. Doch bald gehörte es zum Berufsethos der Folterknechte, selbst aus den Unschuldigsten ein Geständnis herauszupressen.

Die Inquisitoren konnten sich auf bedeutende Kirchenlehrer berufen. Augustinus hatte geschrieben, dass es zugunsten der Seelen Abgefallener richtig sei, diese auch mit Gewalt und Folter in die Kirche zurückzuholen. Jedoch: »Wir möchten sie verbessert haben, nicht getötet; wir wünschen uns den Triumph der Kirchenzucht, nicht den Tod, den sie verdienen.« Der Theologe Thomas von Aquin rechtfertigte die Todesstrafe gegen Ketzer und meinte: »Die Annahme des Glaubens ist freiwillig, den angenommenen Glauben beizubehalten notwendig.« Die Theologen beriefen sich auf Johannes 15,6: »Wer nicht in mir bleibt, der wird weggeworfen wie eine Rebe und verdorrt und man sammelt sie und wirft sie ins Feuer und sie müssen brennen.« Dabei benutzt Jesus dort nur das bei ihm häufige Bild, dass der Glaube wie eine gute Frucht sei, während der Unglaube so unnütz sei wie eine verdorrte Frucht.

Falsch wäre aber auch, die mittelalterliche Inquisition mit den Schauprozessen totalitärer Staaten des 20. Jahrhunderts zu vergleichen. Die Prozesse waren für mittelalterliche Verhältnisse gerecht und bemühten sich tatsächlich, die Wahrheit herauszufinden. Die Befragungen der Zeugen waren ausführlich. Die Inquisitoren bemühten sich, Vorkehrungen zu treffen, um falsche Beschuldigungen zu verhindern. So mussten Personen, deren Anschuldigungen sich als unbegründet herausstellten, damit rechnen, selbst streng bestraft zu werden. Auch war es üblich, die Beschuldigten zu fragen, wer ihnen feindlich gegenüberstand. Wenn dies die Personen waren, welche die Beschuldigungen erhoben hatten, wurde die Anklage fallen gelassen. Auch war die Inquisition zu Beginn weniger blutig, als die Historiker angesichts der späteren Hexenprozesse lange glaubten. Neuere Forschungen gehen davon aus, dass in zwei Prozent der Fällen die Angeklagten hingerichtet wurden und in zwei weiteren Prozent eine Hinrichtung *in effigie* stattfand, bei der symbolisch eine Strohpuppe verbrannt wurde, weil die Angeklagten rechtzeitig geflohen waren. In den allermeisten Fällen wurden Schuldige zu Gebeten, Bußübungen oder Wallfahrten verurteilt, wenn sie bereuten. Wer nicht widerrufen wollte, musste mit der Todesstrafe rechnen. Doch das traf weniger die einfachen Leute, die oft gar nicht wussten, dass sie der Lehre der Kirche zuwider gehandelt hatten, sondern eher Gelehrte.

In den verschiedenen Ländern entwickelte sich die Inquisition sehr unterschiedlich. In Skandinavien spielte sie so gut wie keine Rolle, und in England kam es nur zu vereinzelten Prozessen. In Deutschland verfolgten die weltlichen Fürsten im Mittelalter Ketzer von selbst so streng, dass die Kirche kaum noch etwas dazu tun musste. Nach der Reformation spielte die Inquisition hierzulande kaum mehr eine Rolle. In Frankreich wurde sie anfangs von den Königen unterstützt, verlor aber schon im 14. Jahrhundert an Bedeutung. In Spanien entwickelte sich die Inquisition dagegen zu einem staatlichen Terrorinstrument. Schon nach der Wiedereroberung der Iberischen Halbinsel durch christliche Staaten verfolgten die Spanier die verbliebenen Moslems und Juden, auch wenn diese zum Christentum übertraten. Die Inquisitoren warfen ihnen vor, heimlich ihren alten Glauben zu praktizieren – und das, nachdem man sie gezwungen hatte, sich taufen zu lassen. Schließlich kam es zu Pogromen, denen viele Konvertiten zum Opfer fielen. Papst Nikolaus V. verurteilte die Ausschreitungen, konnte sich aber nicht durchsetzen. Anschließend geriet die spanische Inquisition völlig unter die Kontrolle der Könige und nahm immer mehr den Charakter eines totalitären Geheimdienstes an. Als staatliches Unterdrückungsinstrument hielt sich die Inquisition in Spanien bis 1834. In Italien und im Kirchenstaat bestand sie formal sogar bis 1859 bzw. 1870.

Die aus heutiger Sicht am schwersten wiegende Folge der Inquisition war das Klima der Angst, das sie verbreitete. Von der frohen Botschaft der Nächstenliebe war in diesem Zusammenhang nichts zu spüren. Statt dessen verbreiteten die Inquisitoren Furcht und Schrecken und oft sogar Hass auf die Kirche. Im Jahr 2000 veröffentlichte das Provinzkapitel der deutschen Dominikaner dazu eine reuevolle Erklärung: »Folter, Verstümmelung und Tötung haben unendliches Leid über zahllose Menschen gebracht; deutsche Dominikaner haben dazu, neben anderen, die Voraussetzung geschaffen. Die Geschichte dieser Opfer – namenlos und vergessen – können wir nicht ungeschehen machen. Wiedergutmachung ist unmöglich. Uns bleibt die Verpflichtung zur Erinnerung. Wir wissen, dass der Geist von Inquisition und Hexenverfolgung – Diskriminierung, Ausgrenzung und Vernichtung Andersdenkender – auch heute latent oder offen in Kirche und Gesellschaft, unter Christen und Nicht-Christen lebendig ist. Dem entgegenzutreten und sich für eine umfassende Respektierung der Rechte aller Menschen einzusetzen, ist unsere Verpflichtung, die wir Dominikaner den Opfern von Inquisition und Hexenverfolgung schulden.«

1241 bis 1243 – zwei Jahre Sedisvakanz

Als Sedisvakanz wird die Zeit zwischen dem Tod oder der sehr seltenen Abdankung eines Papsts und der Wahl seines Nachfolgers bezeichnet. Das Wort bedeutet etwa »leerer Stuhl«. In der Frühzeit der Kirche wurde der Bischof von Rom wie alle Bischöfe vom Volk und vom Klerus der Stadt gewählt. Als sich die römische Kirche zur Weltkirche entwickelte, ging das Wahlrecht auf die Kardinäle über, um den Einfluss der weltlichen Mächte zurückzudrängen. Dadurch wurden die Sedisvakanzen aus zwei Gründen länger: Es dauerte einfach lange, bis alle Kardinäle vom Tod des Papstes unterrichtet und nach Rom gereist waren. Dazu kam, dass sich die Kardinäle meist uneinig waren, weil sie unterschiedlichen Ländern oder unterschiedlichen römischen Adelsfamilien verpflichtet waren. Dennoch zweifelte niemand das Prinzip der Zweidrittelmehrheit an, welches für eine gewisse Einigkeit sorgte.

Nach den sehr langen Sedisvakanzen im 13. und 14. Jahrhundert wurden die Regeln zur Papstwahl immer wieder angepasst, weil diese Übergangszeiten zunehmend Zeiten der Unsicherheit wurden. So wurden die Kardinäle – es waren damals nur zwölf – nach dem Tod Papst Gregors X. im Südwestflügel des Palatins eingeschlossen, um ihre Entscheidung zu beschleunigen. Damit war das Konklave erfunden, das vom 2. Konzil von Lyon 1274 als fester Bestandteil des Wahlverfahrens festgeschrieben wurde. Das erste Konklave vermochte die Wahl jedoch nicht zu beschleunigen. Zwar einigten sich die Kardinäle nach zwei Monaten auf Papst Coelestin, der jedoch siebzehn Tage nach seiner Wahl verstarb. Anschließend dauerte die Vakanz neun-

zehn Monate, in der sich Anhänger und Gegner der Staufer gegenseitig blockierten, bis sie sich einstimmig auf Innozenz IV. einigen konnten.
Nach dem Tod Papst Clemens' IV. 1268 dauerte die Sedisvakanz drei Jahre. Das erwähnte Konzil in Lyon legte daraufhin fest, dass die Kardinäle nur zehn Tage auf ihre Amtsbrüder warten dürfen und dann im Konklave eingeschlossen werden, in dem ihre Versorgung mit zunehmender Dauer immer kärglicher wird und jeder Kontakt mit der Außenwelt untersagt ist. Zwar setzte Papst Hadrian diese Regeln, die er »unerträglich« nannte, aus. Doch das führte erneut zu einer langen Sedisvakanz (1292–94), so dass Coelestin V. die Regeln wieder in Kraft setzte. Sie gelten bis heute. 1314 bis 1316 gab es nochmals eine zweijährige Sedisvakanz, die allerdings vom Abendländischen Schisma verursacht war. Bis heute werden die Wahlregeln immer wieder ergänzt. 1504 verbot Papst Julius VI. die Simonie bei der Papstwahl, den Stimmenkauf, der im Mittelalter immer wieder eine Rolle gespielt hatte. Seit 1621 müssen die Kardinäle geheim auf Zetteln abstimmen, die dann verbrannt werden und den berühmten Rauch aus dem Kamin der Sixtinischen Kapelle erzeugen. Nach der Papstwahlordnung Johannes Pauls II. von 1996 können die Kardinäle nach einer bestimmten Zahl ergebnisloser Wahlgänge auch eine absolute Mehrheit von fünfzig Prozent plus einer Stimme zulassen. Papst Benedikt XVI. nahm diese Regelung 2007 zurück.

COELESTIN V. (1294), *ein Eremit auf dem Stuhl Petri*

Papst Coelestin V. ist der einzige Einsiedler, der je auf den Stuhl Petri gelangt ist. Er gehört auch zu den wenigen Päpsten, die von ihrem Amt zurückgetreten sind, von denen er wiederum der einzige ist, der dies tat, weil er sich der Aufgabe nicht gewachsen fühlte.

Coelestin wurde als Pietro (oder Petrus) 1209 in Isernia geboren. Er war das zweitjüngste von zwölf Kindern einer Bauernfamilie in den Abruzzen. Von seinen Eltern sind die Namen Angelerio sowie Maria überliefert. Im Alter von zwölf Jahren trat er dem Benediktinerkloster Santa Maria de Faifula bei und führte jahrelang ein Leben als Einsied-

ler auf dem fast unzugänglichen Monte Majella. Nach seiner Priesterweihe bezog er eine Einsiedelei auf dem Berg Murrone bei Sulmona. Sein schlichtes und tief religiöses Leben bescherte ihm im Laufe der Zeit zahlreiche Anhänger, die sich als Eremiten in seiner Umgebung ansiedelten. Für diese gründete er eine Kongregation, die er auf eine verschärfte Benediktinerregel verpflichtete. Sein Orden trug den Namen »Einsiedler des heiligen Damian« oder »Einsiedler von Murrone«, später wurde er in »Coelestiner« umbenannt. 1276 wurde Pietro Abt von St. Maria de Faifula und 1278 zusätzlich Abt von San Giovanni in Piano bei Lucera. Von 1287 an wurde der Orden nach dem Vorbild der Zisterzienser organisiert. 1293 gab Pietro die Leitung ab und zog sich in seine Einsiedelei auf dem Berg Murrone zurück. Bereits in dieser Zeit wurde Pietro als Heiliger verehrt.
Dem Tod von Papst Nikolaus IV. folgte eine zweijährige Sedisvakanz. Sie wurde durch die Gegensätze zwischen den verfeindeten römischen Adelsfamilien der Colonna und Orsini verursacht, die sich in einer Spaltung des Kardinalskollegiums widerspiegelten. Der damals schon 85-jährige Pietro del Murrone gehörte dem Kollegium nicht an. Er hatte jedoch im Auftrag des Benediktinerordens einen Brief an die Kardinäle geschrieben, in dem er sie aufforderte, sich endlich zu entscheiden. Um Coelestins Pontifikat ranken sich viele Legenden. Eine lautet, die Kardinäle hätten sich über den frechen Einsiedler empört und ihn sozusagen zur Strafe einstimmig gewählt, um ihm zu zeigen, dass das mit der Leitung der Kirche gar nicht so einfach sei. Viel wahrscheinlicher erkannten die Kardinäle durch den Brief in ihm einen idealen Kompromisskandidaten: einen hochgeachteten Greis, dessen nach aller Wahrscheinlichkeit kurzes Pontifikat den Kardinälen die Gelegenheit geben würde, ihren Streit so lange neu zu verhandeln. Dazu noch einen moralisch untadeligen Mann, der neutral über allen Parteien stand; sogar einen Eremiten, mit dem die römische Kirche den Vorwürfen, sie habe sich von der apostolischen Armut zu weit entfernt, entgegentreten konnte.
Am 5. Juli 1294 wurde Pietro einstimmig zum Papst gewählt. Er soll geflohen sein, als er die Nachricht erhielt. Auf jeden Fall musste er zuerst lange überzeugt werden und nahm die Wahl nur unter schweren Bedenken an. Dem Vorbild Jesu nacheifernd ritt Pietro am 28. August 1294 auf einem Esel in Aquila ein und wurde dort am nächsten Tag zum Papst Coelestin V. gekrönt. Der neue Papst geriet schnell unter

den Einfluss von König Karl II. von Anjou, der ihn davon abhielt, in Rom zu residieren, und den Papstsitz nach Neapel verlegte. Dort ließ sich Coelestin eine hölzerne Mönchszelle zimmern, um sich von dem luxuriösen Lebensstil seiner Vorgänger zu distanzieren. Einen eher positiven Einfluss übte Karl aus, als er Coelestin drängte, die strengen Wahlregeln beim Konklave wieder einzuführen.

Bald fühlte sich Coelestin V. von seinem Amt überfordert. Er spürte, dass er in die Abhängigkeit von Karl von Anjou geraten war, und empfand die ersten Monate seines Pontifikats als Misserfolg. Mit Blick auf sein Seelenheil und das Wohl der römischen Kirche beriet er sich mit den Kardinälen, ob eine Abdankung rechtmäßig sei. Nachdem die Kardinäle dies bejaht hatten, erließ er am 10. Dezember 1294 eine Bulle mit der Abdankungsformel und trat drei Tage später zurück.

Auch zu seinem Rücktritt gibt es eine Legende. Kardinal Benedetto Caetani, der Nachfolger Coelestins, soll ihm in drei aufeinanderfolgenden Nächten durch ein Loch in der Wand des päpstlichen Schlafzimmers dem Schlafenden zugerufen haben: »Coelestin, Coelestin, danke ab! Das Amt ist zu schwer für deine Schultern!« Der Papst habe dies als Einflüsterung durch den Heiligen Geist verstanden und sei daraufhin zurückgetreten.

BONIFATIUS VIII. (1294–1303)

Papst Bonifatius VIII. will dem Papsttum zu alter Macht verhelfen. Doch beginnt mit ihm der Niedergang der weltlichen Macht der Kirche.

Die Legende über die Rolle Caetanis beim Rücktritt Coelestins V. entstand wahrscheinlich wegen der schlechten Behandlung, die er als Papst Bonifatius VIII. seinem Vorgänger angedeihen ließ. Nachdem Benedetto Caetani am 24. Dezember 1294 zum Papst gewählt worden war, fürchtete er ein Schisma, da die Rechtmäßigkeit des Rücktritts von Coelestin weiter strittig war. Darum ließ er diesen, der geflohen war, fangen und bis zu dessen Tod am 19. Mai 1296 im Schloss Fumone bei Anagni festhalten. Papst Clemens V. sprach Coelestin schon 1313 heilig, was durchaus als Kritik an Bonifatius gemeint war.

Benedetto Caetani war 1235 in Anagni geboren worden und hatte früh Karriere in der Kirche gemacht. Er war unter denen, die Coelestin V.

Das rücksichtslose Machtstreben Bonifazius' VIII. machte ihn bei seinen Zeitgenossen unbeliebt. Davon ist allerdings dieser Marmorskulptur des 13. Jahrhunderts aus dem Dom von Florenz nichts anzusehen.

zur Abdankung geraten hatten. Als Papst Bonifatius VIII. wollte er der Kirche zu alter Macht verhelfen. So veröffentlichte er 1302 die Bulle »Unam sanctam« gegen den französischen König Philipp den Schönen, die den Vorrang der kirchlichen vor der weltlichen Macht beansprucht. Es ist dies päpstlich-kuriale Ausformung der schon seit Jahrhunderten diskutierten Zwei-Schwerter-Theorie. Der Schlusssatz der Bulle formuliert die Unfehlbarkeit der Kirche in theologischen Lehrfragen – später wird dieser Anspruch auf das Papstamt selbst fokussiert.

Im Gegensatz zur Situation zweihundert Jahre zuvor hatte sich die Einstellung der Könige zum Papsttum jedoch verändert. Sie sahen im Papst nicht mehr den obersten Herren der Christenheit, nicht einmal einen Schiedsrichter. Zwei Faktoren hatten zu dieser veränderten Haltung geführt: Die Begegnung mit dem Orient hatte den geistigen Horizont erweitert, und die weltliche Herrschaft der Päpste hatte sie ihres Sonderstatus beraubt und zu Fürsten unter anderen Fürsten werden lassen. Dies musste Bonifatius erkennen, als der französische König Philipp der Schöne nicht nur die Ansprüche des Papstes ignorierte, sondern auch noch seine Bullen fälschte, um ihn als Feind Frankreichs darstellen zu können. Der Papst habe die Herrschaft über Frankreich gefordert, stand in dem gefälschten Schreiben, dass der König den versammelten Ständen präsentierte.

Damit nicht genug: Philipp erhob schwerste Vorwürfe gegen Bonifatius. Dieser habe seinen Vorgänger ermordet, gebe sich sexuellen Ausschweifungen hin und treibe Simonie und Zauberei. Die allermeisten dieser Vorwürfe waren frei erfunden. Selbst nach Bonifatius‘ Tod versuchte der französische König noch eine Verurteilung zu erreichen. Der Prozess verlief jedoch im Sand. Nach der ersten Bulle des Papstes hatte der französische König mit England Frieden geschlossen, um sich ganz dem Kampf gegen den Papst widmen zu können. Die Anhänger Coelestins V. aus der Familie der Colonna hatten in Frankreich Asyl gefunden. Philipp verbündete sich mit ihnen. Einen Tag, bevor der Papst den König exkommunizieren konnte, wurde er von Mitgliedern der Familie Colonna in Anagni entführt. Zwar konnte er sich befreien und nach Rom fliehen, doch lebte er nach diesem Schock nur noch einen Monat. Er starb am 11. Oktober 1303 und wurde in einem monumentalen Grabmal beigesetzt, das heute in den vatikanischen Grotten besichtigt werden kann.

Auf Bonifatius' Pontifikat geht die Tradition des Heiligen Jahres zurück, das er erstmals 1300 feiern ließ und in dem zwei Millionen Pilger Rom besuchten. Die Zeit zwischen zwei Heiligen Jahren setzte er auf hundert Jahre an. Sie wurde später auf fünfzig und dann auf fünfundzwanzig Jahre verkürzt. Bis heute sind Heilige Jahre Veranstaltungen, die katholische Gläubige aus aller Welt zusammenführen.

CLEMENS V. (1305–1314): *der Papst geht nach Avignon*

Auf Druck der französischen Krone verlegt Clemens V. den Papstsitz nach Avignon – dabei berufen sich die Päpste seit Jahrhunderten auf die apostolische Sukzession als Nachfolger Petri im Amt des Bischofs von Rom.

Das Pontifikat Clemens V. gilt als Tiefpunkt der weltlichen Macht der Päpste im Mittelalter. Das Konklave dauerte elf Monate, weil sich erneut zwei Parteien gegenüberstanden: Die Italiener, die Anhänger Bonifatius VIII. gewesen waren, und die Franzosen, die mit König Philipp sympathisierten. Keine Seite konnte die nötige Zweidrittelmehrheit erringen. Bertrand de Got hatte in dem Konflikt eine gewisse Zwischenstellung eingenommen und versucht, mit dem König und dem Papst leidlich gute Beziehungen zu unterhalten. Als er dann Papst wurde, geriet er völlig unter den Einfluss der französischen Krone, was das Exil der Päpste in Avignon zur Folge hatte.
Bertrand de Got stammte aus altem südfranzösischen Adel. Er trat dem Orden der Grammontenser bei – einem Reformorden des 11. Jahrhunderts, der seinen Namen vom Kloster Grandmont bei Limoges hatte. Zunächst studierte er Recht in Orléans und Bologna, später trat er in päpstliche Dienste und wurde Kaplan Coelestins V., der ihn im Jahr 1295 zum Bischof von Comminges ernannte. 1299 erhob ihn Papst Bonifatius VIII. zum Erzbischof von Bordeaux. Während seiner Zeit als Erzbischof schloss er vermutlich Freundschaft mit König Philipp IV., dem Schönen, von Frankreich. Am 5. Juni 1305 wählte ihn das Konklave in Perugia zum neuen Papst. Die Krönung Clemens' V. fand auf seinen Wunsch hin am 14. November 1305 in Lyon statt. König Philipp nahm an der Zeremonie teil. Bald danach ernannte der Papst zehn neue Kardinäle, von denen neun Franzosen wa-

ren – darunter vier eigene Neffen. Die italienische Partei hatte vergeblich auf eine ausgleichende Politik gehofft.
Wohl niemand hatte erwartet, dass der Papst unter dem Druck des Königs Rom verlassen würde. Schließlich beruhte sein Anspruch als Haupt der Christenheit auf seinem Status als Bischof von Rom. Doch Clemens konnte dem Druck der französischen Krone nicht widerstehen und verlegte seinen Sitz in die kleine Stadt Avignon an der Rhone. Avignon lag damals nicht in Frankreich, sondern direkt an dessen Grenze in der Grafschaft Venaissin, die seit 1273 päpstlicher Besitz war. Die Provinzstadt war damals viel zu klein für den päpstlichen Hof und musste erst ausgebaut werden. Mit der unsicheren Lage in Rom ließ sich der Umzug gut begründen, schließlich hatten die Päpste schon oft außerhalb der Ewigen Stadt logiert. Doch diesmal sollten sie für siebzig Jahre in Avignon bleiben. Es begann das später so genannte »babylonische Exil« des Papsttums.
Noch viel deutlicher als dieser Umzug zeigte die Aufhebung des Templerordens, wie sehr Papst Clemens unter den Einfluss des französischen Königs geraten war. Philipp der Schöne forderte vom Papst nicht nur, seinen Vorgänger Bonifatius VIII. zu ächten, sondern auch, den Templerorden aufzuheben. Die Templer waren als geistlicher Ritterorden zum Schutz der christlichen Pilger und der heiligen Stätten 1119 in Jerusalem gegründet worden und unterdessen durch den Orienthandel sehr reich geworden. Allerdings hatte er sich auch andere Ritterorden, vor allem den Johanniterorden, zu Feinden gemacht. Unbestritten war auch, dass die reichen Templer vom Kämpfen nicht mehr viel hielten und sich eher als Kaufleute verstanden, was dem ursprünglichen Zweck des Ordens widersprach. Aber das waren nicht die Gründe, derentwegen der König die Templer verbieten wollte – er hatte vielmehr deren ungeheuren Reichtum im Visier.
Clemens zögerte. Philipp beschlagnahmte darum einfach das Vermögen des Ordens und erpresste durch Folter Geständnisse von den Rittern. Angesichts der Geständnisse berief Clemens 1311 das 15. allgemeine Konzil nach Vienne ein, das über die Zukunft des Ordens entscheiden sollte. Die Ritter wurden beschuldigt, Christus abgeschworen und homosexuelle Handlungen begangen zu haben. Auf dem Konzil wurde jedoch offenbar, dass diese Aussagen durch Folter erpresst waren, und die Teilnehmer erklärten die Ritter mehrheitlich für unschuldig. Doch Philipp ließ nicht locker. Er stellte Clemens vor

die Wahl, Bonifatius VIII. zum Ketzer zu erklären – was die Kirche gespalten hätte – oder die Templer zu verbieten. Clemens fügte sich und löste den Templerorden auf dem Verwaltungsweg auf, weil er seinen Zweck nicht mehr erfüllte. Das Vermögen der Templer erhielten die Johanniter, die sich nach dem Verlust Jerusalems karitativen Aufgaben zugewandt hatten. In Frankreich erhielten die Johanniter aber nichts, weil dort das Geld »zufällig« gerade ausreichte, um die »Schulden« des Ordens beim König auszugleichen. In Portugal konnten die Templer ihrer Auflösung entgehen, weil der dortige König ihr Vermögen dem neu gegründeten Christusorden übertrug, der de facto der lediglich umbenannte Templerorden war. Die meisten Templer wurden milde bestraft, als ihr letzter Großmeister Jacques de Molay aber die Folterungen öffentlich machen wollte, ließ ihn Philipp auf dem Scheiterhaufen verbrennen. Das Konzil beschloss außerdem einen neuen Kreuzzug, den jedoch in Wirklichkeit niemand wollte und der nie begonnen wurde.
Nur einmal widersetzte sich Clemens dem König. Nachdem der deutsche König Albrecht I. gestorben war, verlangte Philipp vom Papst, er solle sich dafür einsetzen, dass Karl von Valois, Philipps Bruder, zum deutschen König gewählt werde. Clemens wagte es nicht, öffentlich zu widersprechen, erklärte den Kurfürsten jedoch im Geheimen, dass auch er für den Kandidaten Heinrich von Luxemburg sei. Als dieser schließlich als Heinrich VII. König wurde, stellte Clemens fest, dass auch Heinrich nicht bereit war, den Papst auch nur als gleichberechtigt neben sich zu dulden, und fügte sich wieder Philipp. Papst Clemens V. starb am 20. April 1314 und wurde in der Kirche Nôtre Dame in Uzeste beigesetzt. König Philipp starb noch im selben Jahr.

FRANZ VON ASSISI *und der Armutsstreit*

War die Kirche zu reich? Musste sie wie Jesus in völliger oder wenigstens in weitgehender Armut leben? Oder sollte sie die Pracht und die Herrlichkeit Gottes widerspiegeln? Waren die prachtvollen Gewänder der Kleriker ungehöriger Luxus oder waren sie gar nicht das Eigentum des Einzelnen, sondern nur zum Lob Gottes da? Anhänger und Gegner diskutierten innerhalb und außerhalb der römischen Kirche diese Fragen leidenschaftlich. Die meisten jener Bewegungen, die großen Zulauf verzeichnen konnten – zum Beispiel die Waldenser –, unterschieden sich gerade in ihrer Betonung eines einfachen und armen Lebens von der römischen Kirche.

Papst Innozenz III. hatte die Armutsbewegung diplomatisch geschickt in die Kirche eingebunden, indem er den Franziskanerorden anerkannt hatte. Doch war das Problem damit nicht gelöst. Franziskus selbst hatte schon mit sich gerungen, ob er nicht allzu viele Abstriche von seinem Armutsideal gemacht hatte. Doch letztlich sah er es als seine Pflicht als Christ an, den Anordnungen des Papstes zu folgen. Nach seinem Tod bildeten sich in seinem Orden zwei Parteien. Die radikaleren Spiritualen wollten den Regeln und Anordnungen des Franz von Assisi wortgetreu folgen und waren dafür auch bereit, den Päpsten zu widersprechen. Für die gemäßigten Konventualen stand die Auffassung des jeweiligen Papsts über der Haltung von Franziskus. Der Streit innerhalb des Ordens hielt den Armutsstreit auch in der römischen Kirche wach.

Zu einem heftigen Konflikt innerhalb der Kirche führte dieser theologische Disput, als sich die Spiritualen schließlich durchsetzten. Ein 1322 im italienischen Perugia abgehaltenes Generalkapitel der Franziskaner behandelte den »theoretischen Armutsstreit«. Dabei ging es um die Frage, ob Jesus und die Apostel wirklich völlig arm gewesen seien. Die Spiritualen setzten sich mit ihrer Ansicht durch, dass der Messias und seine Jünger überhaupt kein Eigentum besessen hätten und darum auch die Bischöfe und der Papst in völliger Armut leben müssten. Der Papst widersprach dieser Ansicht entschieden: Die Evangelien berichteten ausdrücklich, dass Jesus und die Jünger Eigentum besaßen. Allerdings beschränkte sich der Papst nicht darauf, die Spiritualen überzeugen zu wollen. Er erklärte das Ideal apostolischer Armut 1323 für häretisch.

JOHANNES XXII. (1316–1334), *Papst in Avignon – mit einem Gegenpapst in Rom*

Papst Johannes XXII., auch er als Papst in Avignon, legt sich mit König Ludwig IV. an – und verliert. Ludwig der Bayer lässt einen Gegenpapst in Rom inthronisieren.

Johannes XXII. war der letzte Papst, der sich mit einem deutschen König einen Streit um die Vorherrschaft im Abendland lieferte. Sein Gegner war König Ludwig IV., der Bayer, dessen Bekämpfung der Papst den größten Teil seines Pontifikats widmete. Ausgelöst hatte den Streit eine Doppelwahl der deutschen Fürsten. Eine Partei hatte Ludwig von Bayern zum König gewählt, die andere Friedrich von Österreich, der von den Historikern den Beinamen der Schöne bekam. In alter Tradition hatte Papst Johannes für sich die Entscheidungsgewalt in diesem Konflikt beansprucht, doch er nahm sie nicht wahr. Schnell stellte sich heraus, dass Ludwig die stärkeren Bataillone hatte. Friedrich erkannte seinen Widersacher dann auch bald an. Der Papst hatte jedoch auf den Österreicher gesetzt, weil Ludwig dem radikalen Flügel der Franziskaner, den Spiritualen, Asyl in Bayern gewährt hatte, nachdem diese vom Papst und den Bischöfen apostolische Armut gefordert hatten und daraufhin gebannt worden waren.
Johannes XXII. wurde unter dem Namen Jacques Arnaud Duèze als Sohn eines Schuhmachers geboren. Er studierte Medizin in Montpellier und Rechtswissenschaften in Paris. 1308 war er Kanzler des neapolitanischen Königs Karl II. von Anjou und seines Nachfolgers Robert I. Anschließend verfolgte er eine geistliche Karriere. 1300 Bischof von Fréjus, 1310 Bischof von Avignon und 1312 Kardinal, wurde er 1316 in Lyon nach zweijähriger Sedisvakanz zum Papst gewählt. Das Konklave war zeitweilig unterbrochen, nachdem Anhänger Papst Clemens' V. es mit Waffengewalt gesprengt hatten. Johannes war der

zweite Papst, der in Avignon residierte. Er verließ die Stadt nicht mehr und wurde auch in der Kathedrale von Avignon beigesetzt.
Der Streit mit König Ludwig war so heftig, dass er wie unter den Saliern und den Staufern in einen Krieg mündete. 1327 zog Ludwig nach Italien und besetzte den Kirchenstaat. Seine Gelehrten verfassten die Schrift *Defensor Pacis* (Verteidiger des Friedens), nach der die Krone über dem Papsttum steht. Der Kaiser sei Vertreter und Beschützer des ganzen Volkes, die Bischöfe und der Papst verträten nur die Gläubigen und diese nur in religiöser Hinsicht. Damit wurde erstmals zwischen Gläubigen und Untertanen unterschieden. In Rom erklärte Ludwig, dass ein Mann, der sich nicht in Rom halten könne, auch niemals Bischof der Stadt und Papst sein könne. Dann ließ er einen Franziskaner vom strengen Flügel der Spiritualen zum Gegenpapst Nikolaus V. wählen und sich von diesem 1328 zum Kaiser krönen.
Allerdings konnte sich Ludwig nicht in Rom halten, weil ihn die Römer nicht akzeptierten. Nachdem sich Nikolaus Johannes unterworfen hatte, versuchte der Kaiser den Papst zu bewegen, den Bann von ihm zu lösen. Beide Seiten näherten sich an, doch mitten in den Verhandlungen verstarb Johannes am 4. Dezember 1334 in Avignon.
Schon seine Zeitgenossen stuften seinen Konflikt mit dem Kaiser weniger als Streit zwischen Kirche und Krone, sondern als Einmischung Frankreichs in deutsche Angelegenheiten ein. Dabei wollte Johannes tatsächlich nur die Rechtspositionen der Kirche wahren, erkannte jedoch nicht, dass der Kirchenstaat zu einer Herrschaft unter vielen geworden war – und zwar mit enger Bindung an Frankreich. Negativ für das Ansehen der Kirche war auch seine Pfründenwirtschaft, wobei der Papst persönlich bescheiden lebte und sein Vermögen kirchlichen Zwecken hingab. Positiv wirkte sich sein Einsatz für die Bildung aus – er unterstützte zahlreiche Universitätsgründungen.

NIKOLAUS V. (1328–1330), *Gegenpapst in Rom*

Ein Gegenpapst, um König Ludwig IV. zum Kaiser zu krönen.

Nikolaus V. war der Gegenpapst, den der deutsche König Ludwig IV., der Bayer, 1328 gegen Papst Johannes XXII. einsetzte. Nikolaus war als Pietro Rainalducci um 1275 in Corvaro geboren worden. Der spätere Franziskaner stammte aus einfachen Verhältnissen. Nach fünfjähriger Ehe mit Giovanna Mattei trat er in das Franziskanerkloster Santa Maria in Rom ein. Dort hatte er einen recht zwiespältigen Ruf. Seine strenge Askese stand im Gegensatz zu seinem aufbrausenden Gemüt.

Nachdem König Ludwig Rom erobert hatte, drängte er auf die Ernennung eines Gegenpapstes, der ihn nach dem Vorbild seiner Vorgänger aus den Häusern der Salier und der Staufer zum Kaiser krönen sollte. So wurde Pietro auf Betreiben Ludwigs am 12. Mai 1328 vom römischen Volk zum Papst gewählt. Unmittelbar danach rekrutierte Nikolaus sechs seiner neun Kardinäle. Dann ernannte er zwanzig Bischöfe aus den Reihen der Franziskaner und Augustiner, die Johannes XXII. feindlich gegenüberstanden. Größere Bedeutung erlangte Nikolaus V. jedoch nie. Nach Ludwigs Kaiserkrönung und seiner Abreise aus Rom fand er nicht einmal mehr genug Anhänger in Rom. Sein eigentliches Ziel, den Papst in Avignon zu schwächen, scheiterte. Nachdem ihm Papst Johannes seine körperliche Unversehrtheit und eine Pension zugesichert hatte, verzichtete Nikolaus nach zwei Jahren auf sein Amt und unterwarf sich am 25. August 1330 dem Franzosen. Die drei Jahre, die ihm verblieben, verbrachte er im Hausarrest in Avignon, wo er am 16. Oktober 1333 verstarb. Er wurde in der Franziskanerkirche in Avignon beigesetzt.

Das Abendländische Schisma (1378–1417)

Wenn wir die Geschichte der Kirche eingehend betrachten, wird deutlich, dass Einigkeit nicht zu ihren hervorragenden Merkmalen gehört. Schon die Apostelgeschichte erzählt von Differenzen zwischen Judenchristen und Heidenchristen, die auf dem Apostelkonzil, dem ersten Konzil, beigelegt werden mussten. In der Antike entwickelten sich die römische, die byzantinische, die ägyptische (alexandrinische) und die syrische (antiochenische) Kirche in unterschiedliche Richtungen. 1054 trennten sich römische und byzantinische Kirche für immer. Infolge der Reformation entstand der Protestantismus, der sich in den folgenden Jahrhunderten noch weiter auffächerte. Die römische Kirche selbst erlebte zahlreiche Schismen. Der erste Gegenpapst amtierte schon 217, durch das ganze hohe Mittelalter gab es zahlreiche Gegenpäpste.

Obwohl Kirchenspaltungen also durchaus nichts Außergewöhnliches waren, werden die Jahre zwischen 1378 und 1417 als Abendländisches Schisma oder »großes Papstschisma« bezeichnet. Zwar amtierten in diesen 39 Jahren immer mindestens zwei Päpste parallel, doch dieses Problem war keineswegs neu. Die große Krise entstand dadurch, dass die Spaltung der Kirche diesmal nicht von außen, sondern von innen kam. Der ursprüngliche Anlass war zwar der Konflikt zwischen französischen und italienischen Kardinälen, doch die beiden Päpste waren jeder für sich nach den bisherigen Kriterien ordnungsgemäß gewählt. Länder und Bistümer waren nicht nur untereinander, sondern auch in sich geteilt, und dies reichte hinab bis in die Gemeinden und Familien. Niemand wusste, welcher Papst nun Recht hatte. Das sorgte für große Seelennot unter den Gläubigen, zumal beide Päpste ihren jeweiligen Gegner und dessen Anhänger exkommunizierten.

Das Problem empfanden viele Gläubige auch darum als so groß, weil es dafür keinen erprobten Lösungsweg gab. In den Jahrhunderten zuvor waren die Gegenpäpste meistens von Fürsten eingesetzt worden und hatten sich unterworfen, wenn der Konflikt zwischen Papst und Krone beigelegt war. Oft hatten Fürsten als Schiedsrichter entschieden. Doch keine der beiden Lösungen war hier möglich: Es war nicht allgemein klar, wer der Gegenpapst war, und die Kirche hatte sich so entwickelt, dass sie niemals die weltliche Macht entscheiden lassen konnte. Darum wurde der Ruf nach einer Lösung laut, die dem Grundsatz des päpstlichen Primats eigentlich widersprach: einem allgemeinen Konzil.

Mit dem Begriff Konziliarismus wird die Auffassung bezeichnet, dass allgemeine Konzile über dem Papst stehen, ihre Beschlüsse Entscheidungen der Päpste außer Kraft setzen, ja einen Papst sogar absetzen können. Obwohl diese Auffassung schon damals in der römischen Kirche als Häresie galt, setzte sich angesichts der verfahrenen Situation die Einsicht durch, dass in diesem speziellen Fall nur ein allgemeines Konzil die Einheit der Kirche wieder herstellen könne. Der erste Versuch misslang. Auf dem Konzil von Pisa 1409 wurden beide Päpste abgesetzt und ein dritter, Alexander V., gewählt. Da weiterhin keine Seite nachgeben wollte, gab es nun drei Päpste. Ulrich von Richental beschrieb die Situation in seiner Konzilschronik mit dem berühmten Satz, dass »aus der verruchten Zweiheit eine verruchte Dreiheit« von Päpsten geworden sei. Weil das Konzil von Anfang an nur von einem Teil der Kirche anerkannt wurde, wird es nicht zu den allgemeinen Konzilen gezählt.

Erst dem Konzil von Konstanz (1414–18) gelang es, die »verruchte Dreiheit von Päpsten« zu beseitigen. Papst Johannes (XXIII.) berief das Konzil ein. (Der gleichnamige Papst des 20. Jahrhunderts hat seinen Vorgänger stillschweigend zum illegitimen Amtsträger erklärt, indem er dessen Namen annahm.) Später versuchte er es jedoch zu sprengen, indem er als Stallknecht verkleidet aus der Stadt floh. Das Konzil konnte sich jedoch weiterhin als rechtmäßig fühlen, weil es auch von Papst Gregor XII. regelgemäß einberufen worden war. Es setzte die Päpste Johannes XXIII. und Benedikt XIII. ab, nachdem Gregor XII. freiwillig abgedankt hatte. Anschließend wählten es mit Martin V. einen Papst, der fast in ganz Europa anerkannt wurde, und beendete so das Schisma.

In Konstanz hatten die Konzilsteilnehmer in Abänderung der römischen Tradition auch den Konziliarismus beschlossen. Künftig sollten die allgemeinen Konzile über den Päpsten stehen. Doch Martin V. erkannte diesen Passus der Beschlüsse nicht an, und die folgenden Ereignisse machten klar, dass auch der Konziliarismus nicht automatisch für Einigkeit sorgen konnte. Martin V. setzte kurz vor sei-

nem Tod noch ein Konzil in Basel ein, da das Konstanzer Konzil die grundlegende Kirchenreform, die von allen Seiten gefordert wurde, nicht mehr leisten konnte.
Sein Nachfolger Eugen IV. wollte das Konzil wieder auflösen, doch die Kardinäle setzten durch, dass es weitergeführt wurde. So wurde die Zahl der Kardinäle auf 24 festgelegt, von denen höchstens acht aus demselben Land kommen durften. 1437 verlegte der Papst das Konzil nach Ferrara, von wo es wegen der Pest nach Florenz zog. Doch nur eine Minderheit der Kardinäle folgte ihm. Nun tagten zwei Konzile. Das Konzil in Basel wählte den Gegenpapst Felix V., der immerhin zehn Jahre lang in Genf residierte. Papst Eugen erreichte in Florenz eine – allerdings nur kurzzeitige – Union mit der griechischen und einigen orientalischen Nationalkirchen (Äthiopien, Ägypten, Syrien). Felix verlor immer mehr Anhänger, bis er 1449 freiwillig abdankte und dafür mit dem Kardinalsamt belohnt wurde.
Mit der Abdankung Felix' V. endete nicht nur das Abendländische Schisma endgültig, sondern überhaupt die Geschichte der Gegenpäpste. Seither hat es in der Geschichte der römischen Kirche keinen Gegenpapst mehr gegeben. Mit Eugen und Felix endete auch die Geschichte der mittelalterlichen Päpste, und es begann die Epoche der Renaissance-Päpste. Die Entdeckung Amerikas und die Reformation veränderten Europa durchgreifend und stellten das Papsttum vor völlig neue Herausforderungen.

URBAN VI. (1378–1389) – *der Beginn des Schismas*

Ein geisteskranker Papst entzweit die Kirche – zwei Lager mit konkurrierenden Päpsten entstehen: der Beginn des Abendländischen Schismas.

Mit Papst Urban VI. begann das Abendländische Schisma – und hauptsächlich war es die persönliche Verantwortung dieses Mannes, dass es so weit kam. Von persönlicher Schuld zu sprechen, wäre vielleicht ungerecht, denn es gibt Hinweise, dass der Papst unter einer Geisteskrankheit gelitten haben könnte. Diese veränderte seine Persönlichkeit so negativ, dass er seine engsten Anhänger hinrichten ließ und die übrigen in die Arme des Gegenpapstes trieb.

Papst Urban VI. wurde unter dem Namen Bartolomeo Prignano um das Jahr 1318 in Neapel geboren. Er studierte Jura und wurde Professor in Neapel, wo er ein angesehener Kanoniker war. 1363 wurde er Erzbischof von Acerenza und 1377 Erzbischof von Bari. Schließlich ernannte ihn Papst Gregor XI. im Jahr 1377 zum Leiter der päpstlichen Kanzlei. Die Papstwahl nach dem Tod Gregors stand unter dem starken Druck der römischen Bevölkerung. Die Römer wollten einen Papst aus Rom oder zumindest Italien. Da jedoch die meisten Kardinäle bereits viel zu alt waren, wählte das Konklave am 8. April 1378 Bartolomeo, der zu diesem Zeitpunkt noch nicht einmal Kardinal war. Als das Volk die Wahlversammlung stürmte, zeigte man ihnen in der Not einen greisen, aus Rom stammenden Kardinal, inthronisierte dann aber doch Bartolomeo als Urban VI. Weil er aus Italien stammte, akzeptierte das Volk die Wahl und trug den Kardinälen die Täuschung nicht nach.
Urbans zähes Bemühen um eine Kirchenreform mit dem Ziel einer einfacheren Lebenshaltung der Kardinäle trieb diese in die Opposition, die er mit brutaler Härte und Verfolgung zu unterdrücken versuchte. Die heilige Katharina von Siena mahnte ihn: »Tut alles mit Wohlwollen und ruhigem Herzen, mäßigt euer Temperament« – vergeblich. Urban beschimpfte die Kardinäle öffentlich als Dummköpfe, Schufte und Schlimmeres. Dabei hatte Urban in der Sache recht. Der Prunk der Kardinäle war das größte Problem der Kirche und schadete ihrem Ansehen wie keine andere ihrer Schwächen. Doch nicht nur, weil sie um ihre Privilegien fürchteten, gingen einige Kardinäle auf Distanz zu Urban, sondern auch wegen seines zunehmend aggressiven und beleidigenden Verhaltens. Schließlich versuchten sie, Urban für geisteskrank zu erklären und ihm die Papstwürde zu entziehen. Nachdem die Mehrheit der Kardinäle dennoch zu Urban hielt, verließen die oppositionellen Purpurträger Rom, erklärten Urbans Wahl am 2. August 1378 in Anagni für ungültig und wählten am 28. September 1378 Robert von Genf in Fondi als Papst Clemens VII., der über Neapel nach Avignon fliehen musste, da sich Urban VI. in Italien durchsetzen konnte. Der offizielle Grund für die Annullierung lautete, dass die erste Wahl nur auf Druck der Römer zustande gekommen sei. Auf Urbans Seite standen anfangs unter anderem Deutschland, Italien, England und Portugal. Zu den Ländern, die Clemens unterstützten, gehörten Frankreich, Spanien und Schottland. Die beiden Päpste

bannten sich gegenseitig mitsamt allen Gläubigen, die ihren Widersacher unterstützten. Nominell war damit ganz Europa exkommuniziert. Das große Abendländische Schisma hatte begonnen.

Die Kardinäle, die zu Urban gehalten hatten, mussten erkennen, dass seine Gegner ihn richtig eingeschätzt hatten. Der Papst zeigte sich keineswegs dankbar, sondern beschimpfte auch diese Kardinäle immer unflätiger. Damit hatte das Papsttum ein Problem, mit dem es nur selten konfrontiert war: die Geisteskrankheit eines Papstes. Mochten auch negative Merkmale wie Verschwendungssucht, Nepotismus und Aggressivität Fürsten wie Päpste gleichermaßen heimsuchen – krankhafte Verhaltensstörungen waren beim Adel viel häufiger, da sie meistens bereits in jungen Jahren auftreten. Kleriker, die davon betroffen waren, konnten in der Regel gar nicht erst die Karriere machen, die zum Papstamt berechtigte. Doch der Zustand von Papst Urban machte mehr als deutlich, dass es auch Formen von »Wahnsinn« – wie es damals genannt wurde – gab, an denen ältere Menschen erkranken konnten.

Für alle offensichtlich wurde Urbans Wahn in seinem Verhalten gegenüber König Karl III. von Neapel. Dieser hatte seine Vorgängerin Königin Johanna ermorden lassen. Statt den Mörder zu verurteilen, erkannte ihn Urban als König an und forderte dafür von Karl die schönsten Länder seines Reichs als Lehen. Karl war militärisch stärker und lehnte ab. Darum bannte der Papst den König in Zeremonien von solcher Theatralik, dass sie die Anwesenden schaudern machten und deutlich auf seinen ausbrechenden Irrsinn hinwiesen. Als sechs Kardinäle den Papst nach diesem gespenstischen Auftritt absetzen wollten, ließ er sie gefangen nehmen, in eine Zisterne versenken, foltern und fast verhungern. Auf der Flucht vor dem König schleppte Urban die Unglücklichen mit sich nach Genua. Dort angekommen, ließ er fünf von ihnen am Meeresstrand am 15. Dezember 1386 auf bestialische Weise hinrichten. Den sechsten, einen Engländer, verschonte er aus Furcht vor König Richard II. von England. Interventionen des Dogen von Genua und zahlreicher angesehener weltlicher und geistlicher Würdenträger blieben erfolglos und konnten die Wahnsinnstat nicht verhindern.

Nun wandte sich auch die römische Bevölkerung gegen Urban, so dass er seine Rückkehr mit einer Exkommunikationsandrohung erzwingen musste. Bereits ein Jahr später starb Papst Urban am 15. Oktober 1389 in Rom. Sofort machte das Gerücht die Runde, er sei vergiftet worden. Sein Tod löste jedenfalls auf den Straßen Roms öffentliche Freude aus. Niemals vorher und niemals nachher war so unsicher, wer der wahre Papst sei. Zweifellos war Urban rechtmäßig gewählt worden. Zweifellos war er aber auch geisteskrank gewesen, und Geisteskrankheit war einer der wenigen Gründe, einen Papst rechtmäßig abzusetzen. Wenn nun alle Kardinäle Clemens als rechtmäßigen Papst anerkannt hätten, wäre das Schisma zu Ende gewesen. Doch die Kardinäle verpassten die Chance – wohl auch, weil sie sich gar nicht so schnell verständigen konnten – und wählten auf beiden Seiten Nachfolger.

CLEMENS VII. (1378–1394), *Gegenpapst in Avignon*

Auch dem Gegenpapst des Abendländischen Schismas gelingt es nicht, sich durchzusetzen.

Ein weiterer Grund dafür, dass dem Gegenpapst Clemens VII. die Anerkennung durch die Kardinäle versagt blieb, war, dass dieser keineswegs daran dachte, die Reform der Kirche, die von allen Seiten immer dringender gefordert wurde, in Angriff zu nehmen. Im Gegenteil, er übertraf mit seiner verschwenderischen Hofhaltung noch die meisten seiner Vorgänger. Frankreich versuchte alles, was in seiner Macht stand, um Clemens zu mehr Anerkennung zu verhelfen. Der König wollte damit nicht etwa die Spaltung der Kirche wieder aufheben oder ein Zeichen gegen den dem Wahn verfallenen Papst Urban setzen – ihm ging es allein darum, dass die Päpste wieder in Avignon residieren sollten. Die päpstliche Residenz in der Grenzstadt war zu einem wichtigen Wirtschaftsfaktor für ganz Frankreich geworden. So spiegelte die Haltung der einzelnen Fürsten zum Gegenpapst nicht ihre kirchliche Position, sondern nur ihre Einstellung zu Frankreich wieder. So hatte der König von Schottland sofort Clemens anerkannt, weil er von Frankreich Hilfe gegen England erwartete.
Clemens VII. wurde 1342 als Robert Graf von Genf in Genf geboren. Er diente zuerst als Kanonikus in Paris und wurde dann 1359 Apostolischer Protonotar, 1361 Bischof von Thérouanne, 1368 Erzbischof von Cambrai und 1371 Kardinal. Gregor XI. bestellte ihn 1376 zum Lega-

ten in Oberitalien, wo er die dortigen papst- und franzosenfeindlichen Aufstände niederschlagen sollte. Er tat dies so brutal, dass er damit weitere Unruhen provozierte und der erst 1377 aus Avignon nach Rom zurückgekehrte Papst Gregor nach Anagni fliehen musste. Nach seiner Wahl zum Papst am 28. September 1378 in Fondi führte Clemens gegen die Anhänger Urbans Krieg in Rom. Er unterlag und musste nach Avignon fliehen, wo er eine voll ausgebaute Residenz vorfand und unter den Einfluss Frankreichs geriet. Er tat nichts, um das Schisma zu beenden, und starb am 16. September 1394 in Avignon.

BONIFATIUS IX. (1389–1404) *und der letzte Kreuzzug*

In der Schlacht bei Nikopolis wird das päpstliche Heer vernichtend von den Osmanen geschlagen. Dieser Feldzug – auch »der letzte Kreuzzug« genannt – läutet den Untergang des Byzantinischen Reiches ein.

Papst Bonifatius IX. wurde als Pietro Tomacelli im Jahr 1350 in Neapel geboren. Vor seinem Pontifikat war Tomacelli Bischof in Velabro und Kardinal in San Giorgio. Gewählt wurde er als Papst, während in Avignon Gegenpapst Clemens VII. residierte. Er stellte im Kirchenstaat die Herrschaft des Papstes wieder her und machte sich um die päpstlichen Besitzungen in Rom verdient. Die Engelsburg ließ er ebenso renovieren wie die alte Petersbasilika, den Vatikan ließ er befestigen. Obwohl er wie fast alle Päpste und Gegenpäpste dieser Zeit geschworen hatte, alles für die Einheit der Kirche zu tun, unternahm er nichts in dieser Richtung. Er wollte sich nicht einmal mit seinem Konkurrenten aus Avignon treffen. Je länger Bonifatius regierte, desto geringer wurden seine Anstrengungen für die Einheit der Kirche.
In das Pontifikat Bonifatius‘ fällt die Schlacht von Nikopolis 1396, die der Anfang vom Ende des Byzantinischen Reiches war. Die Kreuzfahrer hatten nach ihrer Eroberung Konstantinopels dort das so genannte Lateinische Königsreich errichtet. Von der Ausplünderung durch die westlichen Truppen erholte sich Byzanz nie mehr. Zwar konnten die Byzantiner ihr Reich zurückerobern, doch blieb es schwach und wurde zunehmend von Bürgerkriegen erschüttert. Mehrere Unionsversuche zwischen der Ost- und Westkirche scheiterten vor allem an den inzwischen unüberbrückbaren theologischen Gegensätzen. 1396

konnte Papst Bonifatius noch einmal ein Heer unter Führung der Ungarn gegen die Türken zusammenstellen. Diese militärische Unternehmung wird häufig als letzter Kreuzzug bezeichnet, aber nicht zu den sieben Orientkreuzzügen gerechnet. Vor Nikopolis im heutigen Bulgarien wurde das päpstliche Heer vom osmanischen Sultan Bayezid I. vernichtend geschlagen. 1453 eroberten die Osmanen dann Konstantinopel und löschten die Reste des Oströmischen Reichs aus. Ihren Glauben durften die Griechisch-Orthodoxen unter den islamischen Osmanen weiter ausüben. Papst Bonifatius verstarb lange vorher mit 54 Jahren am 1. Oktober 1404 in Rom.

GREGOR XII. (1406–1415) *und das Konzil von Konstanz*

Durch seinen Rücktritt macht Papst Gregor XII. den Weg frei für eine Beendigung des Schismas auf dem Konstanzer Konzil.

Papst Gregor XII. gelang es, das Abendländische Schisma zu beenden. Nachdem er das 1. Konzil in Pisa nicht anerkannt hatte, war ihm nach der Wahl eines dritten Papstes wohl klar geworden, dass nur ein von allen Seiten anerkannter neuer Papst die römische Kirche aus dem Chaos würde retten können. Während die Gegenpäpste Johannes XXIII. und Benedikt XIII. trotz allem versuchten, ihr Amt zu retten, zeigte Gregor mehr Selbstlosigkeit und Größe. Er berief das Einigungskonzil am 10. Juli 1415 nach Konstanz ein und erklärte dann feierlich seine Abdankung. Damit hatte das Konzil den päpstlichen Segen, konnte rechtmäßig einen neuen Papst wählen und damit das Schisma beenden. Gregor wurde nach seiner Demission nicht wie viele seiner Vorgänger in Hausarrest gehalten oder in ein Kloster verbannt, sondern amtierte bis zu seinem Tod am 18. Oktober 1417 in Recanati als Kardinalbischof von Porto.
Auch Johannes XXIII. wurde wieder in die Kirche aufgenommen und von Martin V. zum Kardinalbischof von Tusculum ernannt. Nur Benedikt XIII. zog mit einem ständig kleiner werdenden Anhang durch Europa und wurde zur tragischen Figur. »Seine« vier Kardinäle wählten nach seinem Tod 1423 sogar noch einmal einen Gegenpapst namens Clemens VIII., der aber völlig bedeutungslos blieb und sein Amt 1429

niederlegte, womit das große Abendländische Schisma endgültig endete.

Das Konstanzer Konzil hatte nicht nur die Aufgabe, einen neuen Papst zu wählen, sondern musste sich auch mit neuen Häresien auseinandersetzen. Die Lehren des Engländers John Wyclif (etwa 1326–1384) nahmen die Ideen der Reformation vorweg. Der Theologe, der zwischen 1366 und 1374 als Professor in Oxford lehrte, bestritt den Primat der Päpste und wollte nur die Heilige Schrift als Grundlage des christlichen Glaubens gelten lassen. Wie später Luther verwarf er Sakramente, die in den Evangelien nicht erwähnt sind, wie etwa die Beichte. Papst Gregor XI. hatte 1377 einige seiner Thesen verworfen, doch erst das Konzil in Konstanz verurteilte sein ganzes Werk posthum als häretisch. Der Prager Professor Jan Hus hatte Wyclifs Lehren übernommen und wurde darum vor das Konzil nach Konstanz zitiert. Zwar hatte der Kaiser Hus freies Geleit nach Konstanz zugesichert, doch als dieser trotz Verbots in der Stadt eine Messe las und seine Thesen nicht nur nicht widerrief, sondern auch noch dem Konzil jede Autorität absprach, wurde er exkommuniziert und der weltlichen Macht übergeben. Kaiser Sigmund versuchte noch einmal, Hus zum Widerruf bewegen, doch der erklärte das Konzil zu einer Versammlung von Pharisäern. Daraufhin wurde er am 6. Juli 1415 in Konstanz als Ketzer auf dem Scheiterhaufen verbrannt. Die Hinrichtung wurde von vielen Tschechen auch als Angriff auf ihre Kultur empfunden, es bildete sich die frühe Nationalbewegung der Hussiten. Diese nun um sich greifende Protestbewegung führte zu den Hussitenkriegen von 1419 bis 1434. In den späten 1420er Jahren unternahmen die Hussiten grausame Ausfälle in die Nachbarländer. Mit den gemäßigten so genannten Utraquisten wurde schließlich eine diplomatische Lösung gefunden, die radikalen Taboriten wurden niedergeworfen. Bis ins 20. Jahrhundert blieb Johannes Hus die Symbolfigur verschiedener tschechischer Nationalbewegungen.

MARTIN V. (1417–1431) – *das Ende des Schismas*

Ein auf deutschem Boden gewählter Papst beendet das Abendländische Schisma.

Die Wahl Martins V. am 21. November 1417 in Konstanz beendete das Abendländische Schisma. Es war das einzige Mal, dass ein Papst auf deutschem Boden gewählt wurde. Papst Martin V. erwies sich in dieser schwierigen Epoche als Glücksfall. Er war ein fähiger Politiker und Diplomat, dem es gelang, die allermeisten Gruppen in der römischen Kirche miteinander zu versöhnen. Zwar war er auch nicht frei von Nepotismus und versorgte als Mitglied einer der großen römischen Adelsfamilien, der Colonna, seine Verwandten mit Posten. Angesichts seines bescheidenen Lebenswandels wurde ihm das jedoch als gewöhnliche Schwäche von den Römern verziehen – zumal Papst Martin große Anstrengungen unternahm, nicht nur das Ansehen des Papsttums in Rom wieder zu heben, sondern auch den traurigen Zustand, in dem sich die kirchlichen Gebäude in der Heiligen Stadt befanden, tatkräftig zu verbessern.

Martin V. wurde als Oddo di Colonna im Jahr 1368 in Genazzano geboren. Er studierte Rechtswissenschaft in Perugia und diente unter mehreren Päpsten in verschiedenen Funktionen, darunter als Apostolischer Protonotar. 1405 wurde er Kardinal. Er brach während des Schismas 1408 mit der römischen Fraktion und war auch am Konzil von Pisa beteiligt. Darum galt er als überparteilicher Kleriker, als die Kardinäle in Konstanz nach einem Kandidaten suchten, der sich der Zustimmung aller Fraktionen erfreuen sollte. Zu Beginn seines Pontifikats schloss er mit mehreren Nationen eigene Konkordate – ein erster Schritt, um den Kirchenstaat aus der Abhängigkeit von einzelnen Ländern zu befreien.

Zwar wandte sich Martin gegen den Konziliarismus und betonte kurz nach seiner Wahl, dass der Papst über den Konzilen stehe, doch ordnete er an, dass von nun an in regelmäßigen Abständen Generalkonzile einberufen werden sollten. Dadurch wollte er die Reform der Kirche voranbringen und ihre Einheit fördern. So legte er noch einmal fest, dass das Kardinalskollegium aus höchstens 24 bis 26 Mitgliedern bestehen und keine Nation darin ein Übergewicht haben dürfe. Allerdings erlebte er das nächste Konzil in Basel nicht mehr. Er starb am 20. Februar 1431 in Rom. So musste er auch nicht mehr erleben, wie seine Reformbemühungen durch das Doppelkonzil von Basel und Ferrara zunichte gemacht wurden.

FELIX V. (1439–1449) – *letzter Gegenpapst*

Papst Eugen IV. und sein Gegenpapst Felix V. gelten als die letzten Päpste des Mittelalters.

Papst Felix V. war der letzte Gegenpapst in der bisherigen Geschichte der römischen Kirche. Mit ihm und seinem Widersacher Papst Eugen IV. endet nach der gängigen historischen Kategorisierung die Reihe der Päpste des Mittelalters. Mit Felix' und Eugens Nachfolger Nikolaus V. beginnt die Reihe der so genannten Renaissancepäpste. Innerhalb weniger Jahrzehnte änderte sich durch die osmanische Eroberung Konstantinopels 1453, die Entdeckung Amerikas durch Kolumbus 1492 und die Reformation seit 1517 das Weltbild Europas völlig.

Gegenpapst Felix V. wurde am 4. Dezember 1383 geboren und regierte vor seiner geistlichen Karriere als Graf Amadeus VIII. der Friedfertige von Savoyen. Er gehört zu den seltenen Fällen, in denen nicht ein nachgeborener Fürstensohn die geistliche Karriere einschlug, sondern ein Fürst selbst seiner weltlichen Macht entsagte. Graf Amadeus war politisch äußerst erfolgreich und wurde 1416 von Kaiser Sigismund zum Herzog erhoben. Dennoch übergab er 1434 seinem Sohn die Amtsgeschäfte und zog sich mit sechs Rittern in ein Kloster zurück. Dort gründete er den Moritzorden, einen Ritterorden, der jedoch nicht lange bestand.

Die Kardinäle auf dem Baseler Konzil wählten in einem nur wenige Stunden dauernden Konklave Amadeus zum Papst. Er residierte in Genf, Lausanne und Basel, wurde aber nur in Aragonien, Ungarn, Bayern und der Schweiz anerkannt. Darum gab er am 7. April 1449 resigniert auf, wobei ihm der Rücktritt mit der Gewährung verschiedener Privilegien und der ehrenvollen Aufnahme ins Kardinalskollegium erleichtert wurde. Bis zu seinem Tod am 7. Januar 1451 amtierte er als Kardinalbischof von Sabina und Genf.

Das Papsttum und die Renaissance

Mit dem Begriff Renaissance – im Wortsinn: Wiedergeburt – wird im allgemeinen Sinne die Epoche des Übergangs vom Mittelalter in die Neuzeit bezeichnet. Vom Italien des 14./15. Jahrhunderts ausgehend, wird die Antike neu entdeckt und in Kunst und Wissenschaft zum Leitbild. In einer regelrechten Explosion der Kreativität entstanden beeindruckende Kunstwerke, technische Innovationen und eine klare, von der Antike beeinflusste Architektur. Der einzelne Mensch trat in den Mittelpunkt des Interesses. Die Humanisten studierten, übersetzten und edierten die Schriften der antiken lateinischen und griechischen Autoren. Manche von ihnen entwickelten kirchenkritische Positionen, viele sahen sich aber als fromme Gläubige und hielten das antike Weltbild und den katholischen Glauben für vereinbar. Das vielleicht bekannteste Universalgenie der Renaissance ist Leonardo da Vinci (1452–1519), der als Maler, Wissenschaftler und Stratege gleichermaßen beeindruckte.
Drei weltpolitische Umwälzungen vollzogen sich im Zeitalter der Renaissance:

Die *Eroberung Konstantinopels* 1453 durch den osmanischen Sultan Mehmet II. beendete damit die Geschichte des Byzantinischen Reichs. Das Christentum wurde endgültig von seinen orientalischen Wurzeln getrennt und sozusagen zu einer abendländischen Angelegenheit. Zugleich befruchteten byzantinische Emigranten das humanistische Denken, indem sie die griechische Literatur zugänglich machten. Das Osmanische Reich rückte bis an die Grenzen der katholischen Welt vor. Die Rückeroberung Spaniens von den islamischen Mauren, die 1492 mit dem Fall von Granada vollendet wurde, stärkte das Selbstbewusstsein Europas und vor allem Spaniens und Portugals, die kurz darauf Weltmächte wurden.

Die *Entdeckung Amerikas* 1492 brachte Portugal und Spanien – später England und Frankreich – gewaltige Reichtümer, denen gegenüber die Erträge Venedigs aus dem Orienthandel verblassten. Europas Schwerpunkt verschob sich vom Mittelmeer an den Atlantik.

Die *Reformation* spaltete die westliche Christenheit im Ergebnis in einen katholischen Süden und einen protestantischen Norden. Martin Luther fand bei vielen Fürsten Unterstützung, die zu den eigentlichen Protagonisten der Politik wurden. Die Landesherren bestimmten den Glauben ihrer Untertanen. Die Päpste verloren in der Folge nicht nur den halben Kontinent, sondern auch ihre Rolle als oberste weltliche Instanz. Selbst katholische Fürsten ließen sich von den Päpsten nichts mehr befehlen, und sogar die aufrichtig katholischen Habsburger betrachteten von nun an die Kaiserkrone lediglich als einen der vielen ererbten Titel ihres Hauses.

Die Päpste konnten sich dieser kulturellen Umwälzung nicht entziehen. Der Terminus Renaissancepäpste bezeichnet damit positive und negative Aspekte, welche die Pontifikate fast aller Päpste jener Epoche auszeichnen. Positiv war, dass die Päpste die Wissenschaften und vor allem die Künste förderten. Es waren Renaissancepäpste, die den neuen Petersdom errichten ließen – das Bauwerk, das bis heute jedes Jahr unzählige Kunstinteressierte nach Rom lockt. Wenn man die negativen Seiten des Renaissancepapsttums diplomatisch umschreiben will, könnte man sagen, dass die Tugenden der Keuschheit und der Mäßigung nicht gerade beispielhaft vorgelebt wurden. Es gab tatsächlich Päpste, die dem negativen Klischee eines Renaissancepapstes entsprachen, die mit Orgien der Lust und Völlerei dem Ansehen des Stuhls Petri nachhaltigen Schaden zufügten.

NIKOLAUS V. (1447–1455) *und der Humanismus*

Mit Papst Nikolaus V. kommt zum ersten Mal ein Freund der Wissenschaften und Künste auf den Stuhl Petri.

Papst Nikolaus V. ist das positive Beispiel eines Renaissancepapstes. Er war der erste humanistisch gebildete Wissenschaftler auf dem Papstthron. Humanisten waren Gelehrte, welche die Scholastik, die Philosophie des Mittelalters, ablehnten. Sie griffen stattdessen auf die

Papst Nikolaus V. war ein gebildeter Humanist, der Künste und Wissenschaften förderte. Gemälde (Öl auf Leinwand) des 15. Jahrhunderts aus Siena.

Philosophen der Antike zurück. Nicht wenige Humanisten waren kirchenkritisch eingestellt, mehrere standen der Reformation nahe. Insgesamt jedoch umfasste der Humanismus ein breites Spektrum an Positionen, so dass es auch einen katholisch geprägten gab.

Papst Nikolaus V. wurde am 15. November 1397 in Sarzana in Ligurien unter dem Namen Tommaso Parentucelli geboren. Während seines Studiums kam er mit den Humanisten in Berührung. Seine kirchliche Karriere verlief steil: 1443 wurde er Vizekämmerer und 1444 Erzbischof von Bologna. Im Jahr 1446 zum Kardinal und Legaten in Deutschland ernannt, sollte er schon ein Jahr später an die Spitze der Hierarchie rücken. Nach nur zweitägigem Konklave von achtzehn Kardinälen wurde er am 6. März 1447 in Rom zum Papst gewählt und am 19. März inthronisiert.

Von Anfang an war Nikolaus ein Mann des Ausgleichs. Mit den meisten europäischen Mächten konnte er die Beziehungen normalisieren und eine Epoche des Friedens einleiten. 1449 konnte er Gegenpapst Felix V. zum Rücktritt bewegen und damit die Epoche der Gegenpäpste beenden. Auch das Konzil von Basel löste sich auf. Nikolaus gestaltete beides so, dass die Abtrünnigen ohne Gesichtsverlust in den Schoß der Kirche zurückkehren konnten. 1450 feierte er ein erfolgreiches Heiliges Jahr.

Seine größten Verdienste erwarb sich Nikolaus jedoch als Förderer von Künsten und Wissenschaften. In Rom gründete er die Vatikanische Bibliothek, die Literaten, Gelehrte und Künstler aus allen Himmelsrichtungen anzog. Die Stadt profitierte durch den massiven Ausbau von Straßen, Brücken, Wasserleitungen, Brunnen sowie Verteidigungsanlagen. Papst Nikolaus wollte Rom und seine Kirchen ganz bewusst zu möglichst großer Pracht ausbauen.

Das einfache, ungebildete Volk brauche für seinen Glauben solche Pracht, meinte er, um die Herrlichkeit Gottes schon auf Erden zu erahnen. Darum verwundert es nicht, dass Nikolaus der erste Papst war, der den Plan hegte, die aus konstantinischer Zeit stammende Petersbasilika durch einen Neubau zu ersetzen. Noch auf dem Sterbebett soll Nikolaus seine Kardinäle ermahnt haben, Künste und Wissenschaften weiter zu fördern und Rom prachtvoll auszustatten. Weil der Petersdom später tatsächlich neu gebaut wurde, sind nicht alle Kunstwerke erhalten, die Nikolaus in Auftrag gab. Das berühmteste sind

wohl die Fresken der Cappella Niccolina im Vatikanischen Palast aus der Hand des Malers Fra Angelico.
Als größte Niederlage seines Pontifikats wird Papst Nikolaus wahrscheinlich den Fall Konstantinopels 1453 empfunden haben. Den Päpsten war es weder gelungen, das Abendland für die Rettung von Byzanz zu mobilisieren, noch eine Union mit den orthodoxen Christen zu erreichen. Seine Politik der Prachtentfaltung konnte auch nicht alle Römer überzeugen, worauf es ebenfalls 1453 zu einem Aufstand in der Stadt kam, der aber folgenlos blieb. Selbst Maßnahmen, die aus heutiger Sicht falsch sind, wenn sie auch zeittypisch waren, kamen bei Nikolaus selten vor. Die am schwersten wiegende war wohl, dem portugiesischen König zu erlauben, Ungläubige aus Afrika in die Sklaverei zu führen. Nikolaus V. starb am 24. März 1455 und wurde im äußeren südlichen Seitenschiff der alten Peterskirche beigesetzt.

SIXTUS IV. (1471–1484) *und die Sixtinische Kapelle*

Auch Papst Sixtus IV. fördert Künste und Wissenschaften. Neben dem Bau der nach ihm benannten Sixtinischen Kapelle betreibt er aber auch ausgeprägten Nepotismus.

Zwei Dinge aus dem Pontifikat Papst Sixtus VI. haben überdauert: die Lehre von der unbefleckten Empfängnis Marias, die seine zentrale theologische Aussage war, und die nach ihm benannte Sixtinische Kapelle im Vatikan, die er von einigen der bedeutendsten Künstler seiner Zeit ausschmücken ließ und die heute zu den bekanntesten und wichtigsten Kunstwerken Roms gehört. Die berühmten Fresken Michelangelos entstanden erst später. Sixtus war ein Renaissancepapst im positiven Sinn, der die Künste förderte, das vatikanische Archiv gründete und die Bibliothek noch einmal erheblich erweiterte. Er war aber auch ein Renaissancepapst in negativen Sinn, der den Nepotismus auf die Spitze trieb und so viele Verwandte mit Pfründen versorgte wie kein Papst vor oder nach ihm. Der Nepotismus war auch ein Auswuchs der mittelalterlichen Gesellschaft, in der die Familie über allen Bindungen stand. Die Familie bestimmte den Platz in der Gesellschaft. Das ganze Mittelalter hindurch konnten sich die meisten Päpste nur an der Regierung halten, indem sie wichtige Posten an nahe Verwandte gaben.

Der verantwortungsvolle Nepotismus bestand darin, die Posten fähigen und würdigen Mitgliedern der Familie zu geben. Sixtus war darin kein gutes Vorbild. Er ernannte sechs Neffen zu Kardinälen und gab neun weiteren andere hohe Ämter in der Kirche. Allesamt erwiesen sich seine Nepoten als unwürdig oder unfähig. Auch die anderen Kardinalsernennungen waren nicht zum Vorteil der Kirche. Sixtus wollte jedes Land im Kollegium vertreten sehen, achtete dabei aber nicht auf die Fähigkeiten der Männer.

Francesco della Rovere wurde am 21. Juli 1414 in Celle (heute Celle Ligure, Provinz Savona) geboren. Er entstammte einer angesehenen, jedoch armen Familie aus Ligurien. Den Namen della Rovere übernahm er von einer Turiner Familie, mit der er überhaupt nicht verwandt war. Francesco wurde von seiner Mutter bereits früh in geistliche Obhut gegeben, und als er das notwendige Alter erreicht hatte, trat er dem Franziskanerorden bei. Danach studierte er Philosophie und Theologie in Bologna, Chieri, Padua und Savona. 1444 wurde er Doktor der Theologie an der Universität Padua. Neben seinen Fähigkeiten als Hochschullehrer wurde Francesco della Rovere als hervorragender Prediger geschätzt. Am 19. Mai 1464 wurde er auf Grund seiner Leistungen zum General des Franziskanerordens gewählt. Am 18. September 1467 wurde er von Papst Paul II. in den Kardinalsrang erhoben und an die Kurie nach Rom berufen.

Am 9. August 1471 wurde Francesco nach dreitägigem Konklave überraschend zum neuen Papst gewählt. Den Ausschlag dürfte gegeben haben, dass der Ordensmann als fromm und für seinen Stand bescheiden galt. Seine Pracht liebende Politik zeigte später aber einen ganz anderen Menschen. Sixtus war auch der Papst, der die Inquisition erneuerte und dem spanischen Großinquisitor erlaubte, alle weiteren Inquisitoren auszusuchen, wodurch in Spanien die Inquisition der Kontrolle der Päpste entglitt und zum Unterdrückungsinstrument der Krone wurde.

Den Großteil seiner Zeit widmete Sixtus jedoch einem Krieg der italienischen Mächte gegeneinander. Venedig, Neapel, Florenz und der Kirchenstaat konkurrierten um verschiedene Besitztümer, deren Eigentumsverhältnisse nicht ganz geklärt waren. Papst Sixtus wollte den Kirchenstaat zu Lasten von Florenz vergrößern. Nach Meinung der meisten Historiker plante er sogar, wichtige Mitglieder der Familie Medici zu ermorden. Gleichzeitig kämpfte Venedig gegen Neapel.

Sixtus IV. veranlasste den Bau der Sixtinischen Kapelle und förderte die Vatikanische Bibliothek, in der er hier abgebildet ist. Er betrieb aber auch einen ausgeprägten Nepotismus. Zeitgenössisches Gemälde (15. Jh.) von Melozzo da Forli, Santo Spirito, Florenz.

Der Kirchenstaat unterlag Florenz, worauf Sixtus seinen Verbündeten Venedig fallen ließ und sich Neapel zuwandte. Mitten in diesem Chaos brachen die Streitigkeiten zwischen den römischen Adelsfamilien wieder aus und weiteten sich nach einer Blutrache zu einem Bürgerkrieg aus. Neapel, Florenz und Venedig waren kriegsmüde und nutzten die inneren Probleme des Kirchenstaats, um miteinander Frieden zu schließen. Sixtus, der sich von einem Sieg über Venedig satten finanziellen Gewinn erhofft hatte, soll einen solchen Tobsuchtsanfall bekommen haben, als er von dem Friedensschluss erfuhr, dass er einen Schlaganfall erlitt. Tatsächlich starb er am 12. August 1484, dem Tag nach der Friedensnachricht, in Rom und wurde im Petersdom beigesetzt.

INNOZENZ VIII. (1484–1492) *und die Hexenbulle*

So wie Papst Nikolaus V. die positive Seite des Renaissancepapsttums verkörpert, kann Innozenz VIII. als Beispiel für dessen Schattenseite genannt werden. Mit seiner »Hexenbulle« bringt er unvorstellbares Leid über Tausende Unschuldige.

Innozenz gelang es seinem Namen zum Hohn – Innozenz bedeutet »der Unschuldige« – der Kirche mehrfach zu schaden. Schon seine Wahl sicherte er sich durch die Bestechung der Kardinäle. Das Kollegium war durch Papst Sixtus IV. so verweltlicht, dass Innozenz die Simonie nicht einmal mehr verbergen musste. Er war der erste Papst, der die Hexenverfolgung billigte, obwohl er damit alten kirchlichen Traditionen widersprach. Er machte so hohe Schulden, dass er zeitweise die Tiara verpfänden musste. Er nahm mit dem Sultan in Istanbul diplomatische Beziehungen auf. Aber nicht, um Frieden für Osteuropa zu erreichen oder die Situation der Christen im Osmanischen Reich zu verbessern, sondern weil er den Bruder des Sultans gegen Bezahlung gefangen hielt. Der Sultan fürchtete seinen Bruder als Konkurrenten und bezahlte Innozenz für dessen Gefangennahme. In Sachen Nepotismus stand er seinem Vorgänger Sixtus kaum nach, wobei die meisten Historiker davon ausgehen, dass zumindest zwei seiner Neffen und Nichten in Wahrheit seine leiblichen Kinder waren.

Innozenz VIII. wurde 1432 in Genua als Giovanni Battista Cibo geboren. Er schlug früh die kirchliche Laufbahn ein und wurde 1467 Bischof von Savona und 1472 Bischof von Molfetta. 1473 erhob ihn Sixtus IV. zum Kardinal. Am 29. August 1484 wurde er in Rom zum Papst gewählt, nachdem er die Kardinäle durch finanzielle Zuwendungen für sich gewonnen hatte. Innozenz war ein schwacher und unselbstständiger Papst, der oft den Einflüsterungen anderer erlag. Seine fatale Anerkennung des Hexenglaubens resultierte aus den Berichten der Dominikaner Heinrich Institoris und Jakob Sprenger, welche die Situation in Deutschland so darstellten, als stehe das Reich kurz vor der Herrschaft von Hexen und Zauberern. Die beiden Ordensleute veröffentlichten auch den berüchtigten »Hexenhammer«. Seine angeschlagene Gesundheit und dauernde finanzielle Not machten Innozenz noch anfälliger für Einflüsse von außen.
Innozenz starb am 25. Juli 1492 in Rom. Nach seinem Tod kam das Gerücht auf, sein jüdischer Leibarzt habe ihm das Blut von drei zehnjährigen Knaben gegeben, damit er die Jugend der Kinder erlange. Die Kinder sollen aufgrund des Aderlasses gestorben sein. Dieses Gerücht ist Unsinn und eindeutig antisemitisch motiviert. Doch dass es überhaupt aufkommen konnte und aufgezeichnet wurde, zeigt, welch schlechten Ruf Innozenz hatte.

Die Hexenbulle »Summis desiderantes affectibus« (1484)

Beinahe anderthalb Jahrtausende lang galt der römischen Kirche der weit verbreitete Volksglauben an Hexen und Zauberer als heidnischer Unsinn. Entsprechende Annahmen waren ketzerisch, da sie davon ausgingen, dass Hexen anderen Menschen durch übernatürliche Kräfte schaden könnten. Das würde aber der Allmacht Gottes widersprechen, der nie zulassen würde, dass Gläubigen auf diese Weise geschadet wird. Auch die Auffassung, Hexen und Zauberer hätten ihre Kräfte von einem Bund mit dem Teufel, bekämpfte die Kirche vehement – denn das würde bedeuten, dass der Teufel mehr Macht als Gott besäße. Christen, die solchen heidnischen Hexenvorstellungen zum Opfer gefallen waren, wurden sogar zu Märtyrern erklärt. Mit der Hexenbulle »Summis desiderantes affectibus« von Papst Innozenz VIII. änderte sich diese Einstellung ins genaue Gegenteil. Besonders Inquisitoren hatten die Kurie überzeugen wollen, dass es wirklich Hexerei gebe. Nun hatten sie den Papst auf ihre Seite gebracht. Innozenz erklärte, dass es Hexerei und Zauberei wirklich gebe, und verurteilte sie als Ketzerei. Er rechtfertigte die Inquisition in dieser Frage und so auch die Hexenverbrennungen.

Warum sich die Meinung der Kirche in dieser Frage so völlig änderte, ist bis heute nicht gänzlich geklärt. Sicher ist, dass nicht die ganze Kirche der Meinungsänderung folgte. Sowohl katholische als später auch protestantische Theologen stritten heftig darüber, ob es Hexerei überhaupt gebe oder ob es nicht eine gotteslästerliche Meinung sei zu glauben, der Herr würde dem Teufel erlauben, seinen Gläubigen auf diese Weise zu schaden. Oft hing das Ausmaß der Verfolgung von der Haltung der Obrigkeit ab. In Süddeutschland zum Beispiel war die Haltung in der Hexenfrage auf engstem Raum völlig unterschiedlich: Die Herzöge von Württemberg taten alles, damit sich keine Hysterie ausbreitete, und erlaubten nicht, dass unter der Folter andere denunziert wurden. Die Pfälzer Kurfürsten waren entschiedene Gegner des Wahns und befreiten sogar einmal einen ihrer Untertanen, welcher der Hexerei beschuldigt wurde, mit militärischer Gewalt. Im Gegensatz dazu verfielen die Bischöfe im benachbarten Würzburg dem Hexenwahn völlig. Besonders unter Fürstbischof Philipp Adolf von Ehrenberg (1623–31) starben Hunderte auf dem Scheiterhaufen, darunter viele Kinder von sieben Jahren an, zahllose Frauen und sogar Studenten, Pfarrer und Vikare des Bischofs selbst. In Würzburg wurden die Gefangenen, auch Kinder, so lange gefoltert, bis sie alles gestanden und oft noch weitere Menschen beschuldigt hatten. Wenn dort jemand einen Beschuldigten entlastete, so wurde dies als unangebrachtes Mitleid und falsche Solidarität verurteilt und nicht für wahr gehalten.

Die Ereignisse in Würzburg zeigen den Mechanismus einer Hexenhysterie in beispielhafter Weise. Überall dort, wo Menschen unter der Folter die Namen weiterer Beschuldigter herausgepresst wurden, entwickelten sich aus einzelnen Fällen ganze Lawinen, denen sogar die zum Opfer fallen konnten, die sie losgetreten hatten. Hexenhysterie gab es nicht nur in Europa, sondern auch in der Neuen Welt. Die Ereignisse in Salem in Massachusetts im Jahr 1692 gehören in den USA zum historischen Allgemeinwissen und sind dort das Paradebeispiel für die schlimmen Folgen von Fanatismus. In der Puritanersiedlung hatten damals neun- bis zwölfjährige Mädchen Mitbürger der Hexerei beschuldigt, worauf eine wahre Hexenjagd losbrach, in deren Verlauf zahlreiche Erwachsene hingerichtet und Kinder eingesperrt wurden. Als die Kinder die Frau des Gouverneurs als Hexe bezeichneten, griff dieser ein und beendete alle Verfolgungen. Cotton Mather, immerhin Mitbegründer der Yale-Universität, war so im Hexenwahn befangen, dass er sich gegen den Gouverneur stellte – bis er selbst von den Mädchen beschuldigt wurde und plötzlich erkennen musste, wie leicht so ein Wahn unschuldige Opfer fordert.

Manche sehen den Hexenwahn in direktem Zusammenhang mit den Umbrüchen der Zeit: Das mittelalterliche Weltbild war ins Wanken geraten. Die Europäer machten sich auf, neue Kontinente zu entdecken, und wurden dabei mit völlig anderen Lebensweisen konfrontiert. Die Einheit der westlichen Kirche zerfiel; eine Folge der Spaltung in Katholiken und Protestanten waren verheerende Glaubenskriege. Die Seefahrer brachten auch Krankheiten nach Europa, und die Pest entvölkerte ganze Landstriche. Philosophen und Künstler entdeckten die Antike neu, doch im Volk grassierte dumpfer Aberglaube. Die so genannte kleine Eiszeit sorgte zwischen etwa 1500 und 1800 für strenge Winter und nasskühle Sommer und damit für Ernteausfälle, die zu Hungersnöten führten. Die vermehrt auftretenden Unwetter wurden häufig Hexen zur Last gelegt. Sehr auffällig ist, dass der Hexenglaube in den zweihundert Jahren seines Bestehens nicht gleichmäßig auftrat, sondern immer in Notzeiten die Völker wie eine Eruption von Hass heimsuchte. Je reicher ein Land war, desto weniger Hexenprozesse gab es dort.

Es soll jedoch nicht vergessen werden, dass es zu allen Zeiten auch Kritik an der Hexenverfolgung gab. Der Jesuit Friedrich Spee von Langenfeld (1591–1635) veröffentlichte 1631 anonym seine bedeutende »Cautio criminalis, seu de processibus contra sagas liber«, in der er gegen die Folter als Form der Beweisführung Stellung bezog. Andere vor und nach ihm trugen ebenfalls dazu bei, dass die Hexenverfolgung schließlich abgeschafft wurde.

ALEXANDER VI. (1492–1503) *und Savonarola*

Der Lebenswandel Alexanders VI. ist eines Papstes unwürdig – der Familienname Borgia ist geradezu ein Synonym für Sittenlosigkeit geworden. Der Dominikanermönch Savonarola kann Alexander VI. allerdings nicht zu Fall bringen.

Wie sein Vorgänger sicherte sich Alexander seine Wahl durch offene Simonie. Das Konklave dauerte diesmal jedoch länger, weil auch andere Familien den Kardinälen Geld geboten hatten. Schon als Bischof hatte sich Alexander nicht um den Zölibat gekümmert, und als Papst behielt er diesen Lebenswandel bei – und zwar in aller Öffentlichkeit. Mit Vanozza de' Cattanei, der Mutter seiner Kinder Juan (später Herzog von Gandia), Cesare (später Herzog der Romagna), Lucrezia (später Herzogin von Ferrara) und Jofré, lebte er in seiner Zeit als Kardinal etwa zwanzig Jahre lang zusammen. Es gibt legendäre Schilderungen von Orgien an seinem Hof, die allerdings auch der Phantasie seiner Feinde entsprungen sein können.
Alexander VI. wurde als Rodrigo de Borja (italienisch Borgia) am 1. Januar 1430 in Játiva bei Valencia in Spanien geboren. Sein Onkel Alfonso Borgia, der als Calixtus III. von 1455 bis 1458 als Papst regiert hatte, ermöglichte ihm eine steile kirchliche Karriere. Rodrigo studierte von etwa 1453 an in Bologna kanonisches Recht, nachdem er von seinem Onkel bereits mit zahlreichen lukrativen Pfründen ausgestattet worden war. Obwohl er kein Priester war – das wurde er, wie damals nicht unüblich, erst Jahre später –, ernannte ihn sein päpstlicher Onkel im Februar 1456 zum Kardinal und bereits im darauf folgenden Jahr zum Vizekanzler der Kirche. Dieses auf Lebenszeit verliehene Amt und seine zahlreichen Pfründe, die mehr als 30 Bistümer umfassten, denen er als Titularbischof vorstand, machten ihn zu einem der reichsten Männer Europas. Kein Wunder, dass der Familienname Borgia, ebenso wie der der Medici, weit über Historikerkreise hinaus ein Synonym für sittenlose Päpste geworden ist.
Schließlich wurde Rodrigo Borgia am 10. August 1492 zum Papst gewählt und nannte sich Alexander VI. Er sollte der bis heute letzte spanische Papst sein. Als Papst musste er alle Pfründe abgeben, was ihm die günstige Gelegenheit bot, sie an die bestochenen Kardinäle und an seine Familie zu geben und sich so deren Loyalität zu sichern. Seinen

Sohn Cesare ernannte er (wohl gegen dessen Willen) zum Bischof und später zum Kardinal. Seine Tochter Lucrezia verheiratete er dreimal nach politischen Gesichtspunkten und benutzte sie so als lebendes Unterpfand. Seinen Sohn Juan ernannte er zum Herzog des von Neapel für den Kirchenstaat zurückerworbenen Benevent. Außerdem holte er zahlreiche Spanier an seinen Hof, die er ebenfalls begünstigte.

Der dem Papst nachgesagte Lebenswandel rief zahlreiche Kritiker auf den Plan. Der prominenteste unter ihnen war der Dominikanermönch Girolamo Savonarola in Florenz. Dieser hatte sich anfangs noch um ein gutes Einvernehmen mit Alexander bemüht. Er hatte ihm sogar offiziell zu einer der Hochzeiten seiner Tochter Lucrezia gratuliert. Bald darauf wandelte er sich zum schärfsten Kritiker Alexanders. Er forderte die Absetzung des Papstes wie auch kirchliche Reformen und predigte: »Ihr Kirchenführer ... nachts geht ihr zu euren Konkubinen und morgens zu euren Sakramenten.« Bei einer späteren Gelegenheit meinte er: »Diese Kirchenführer haben das Gesicht einer Hure, ihr Ruhm schadet der Kirche sehr. Ich sage euch, diese halten nichts vom christlichen Glauben.«

Doch Savonarola beließ es nicht bei Worten an den Papst, sondern trat als Prediger in Florenz öffentlich auf. Er verkündete, das jüngste Gericht stehe nahe bevor. Die Sittenlosigkeit im Vatikan nahm er als Zeichen dafür. Er muss sehr überzeugend gewesen sein, denn viele Florentiner brachten ihm unter Tränen alle ihre Luxusartikel, die daraufhin öffentlich verbrannt wurden. Sie glaubten, ihren Platz im Paradies sichern zu können, wenn sie sich vom weltlichen Ballast frei machten. Mit der Zeit ähnelte Savonarolas Herrschaft jedoch immer mehr einer puritanischen Diktatur. Vor allem rekrutierte der Dominikaner junge Menschen, die durch die Stadt patrouillierten und sündiges Verhalten ahndeten. Doch nicht darum wurde Savonarola schließlich vom Papst vorgeladen, sondern weil er sich bemühte, im Bündnis mit Frankreich ein Konzil einzuberufen, das Alexander wegen Unsittlichkeit absetzen und einen neuen Papst wählen sollte. Alexander bot Savonarola den Kardinalshut an, wenn er sich auf seine Seite schlagen würde. Savonarola empfand dies als Bestechung und lehnte ab, woraufhin ihn Alexander exkommunizierte. Nun intensivierte Savonarola seine Bemühungen um ein Konzil, doch in Florenz waren Zweifel an seiner Sendung aufgekommen. Der Dominikaner hatte immer wieder ein Gottesurteil – eine Feuerprobe – versprochen, welches seine Worte bestätigen sollte. Immer wieder hatte er es jedoch hinausgeschoben, sich diesem Urteil zu unterziehen. Nachdem er die Feuerprobe erneut ablehnte, nahmen die Florentiner Savonarola gefangen, folterten und lynchten ihn am 23. Mai 1498. Seine Leiche wurde verbrannt. Der junge Niccolò Machiavelli (1469–1527), der als Zuschauer dabei war, zog den Schluss daraus, dass »unbewaffnete Propheten gefährlich leben«.

Politisch widmete Alexander sein Pontifikat ausschließlich dem Ziel, seiner Familie ein möglichst großes Reich zu hinterlassen. Dabei wechselte er in seinem elfjährigen Pontifikat seine Verbündeten und Feinde so oft, dass eine vollständige Darstellung hier nicht möglich ist. Die wichtigste Rolle spielte dabei Frankreich. König Karl VIII. von Frankreich gehörte zu den Gegnern Alexanders. Seine Truppen eroberten Neapel und besetzten den Kirchenstaat. Mit dem Versprechen, einen Kreuzzug zu beginnen, konnte Karl die Feinde Alexanders innerhalb des Klerus für sich gewinnen. Doch dann starb der Bruder des Sultans in römischer Geiselhaft und mit ihm die Hoffnung, den Sultan unter Druck setzen zu können. Der Kreuzzug kam nie zustande. Anschließend konnte der Papst mit Unterstützung des deutschen Königs, Venedigs und Mailands das Königreich Neapel und den Kirchenstaat zurückerobern. Mit dem neuen französischen König pflegte Alexander zuerst ein friedliches Verhältnis, bis es im Streit um Besitzansprüche erneut zu einem Krieg kam.

Eine Ursache der ständigen Konflikte Alexanders mit den Fürsten Europas und den Adelsfamilien in Rom war der Machthunger seines Sohnes Cesare. Dieser wollte unbedingt ein erbliches Reich für die Borgia erobern. Die Historiker sind sich uneins, ob ihn Alexander mehr unterstützte, weil er ihn liebte, oder eher, weil er ihn fürchtete. Jedenfalls wurde Cesare mit Billigung Alexanders aus dem geistlichen Stand entlassen, was bei einem Kardinal unerhört war. Er heiratete eine französische Prinzessin und wurde zum Herzog erhoben, wobei die Suche nach einer Gemahlin schwierig war, weil die meisten adligen Damen eine Ehe mit einem Ex-Kardinal empört ablehnten. Obwohl Cesare dem geistlichen Stand entsagt hatte, wollte er Nachfolger seines Vaters werden. Die vierzehn spanischen Kardinäle wären wohl auf seiner Seite gewesen. Doch dann erkrankte er beim Tod seines Vaters schwer. Sein Freund Niccolò Machiavelli, der seine Erkenntnisse über Machtpolitik auch von Cesares Karriere gewonnen hatte, zitierte ihn mit den Worten: »An alles habe ich gedacht, aber dass ich beim Tode meines Vaters selbst sterbenskrank sein könnte – daran habe ich nicht gedacht.«

Angesichts des Lebenswandels Alexanders VI. kursierten zahlreiche Gerüchte in Rom. Die Berichte über Ausschweifungen im Vatikan treffen im Kern wohl zu, wurden aber zusätzlich farbig ausgeschmückt, wie es solche Gerüchte an sich haben. Für das Gerücht, Alexander habe mit Cesare und Lukrezia blutschänderische intime Beziehungen unterhalten, haben die Historiker keine Bestätigungen. Andere Gerüchte sagten den Borgia nach, dass sie ihre Feinde mit einem speziellen Familiengift aus dem Weg räumen würden. Jedes Mal, wenn jemand in Alexanders Umgebung starb, raunten die Römer vom Borgia-Gift. Bestimmt war Alexander nicht für alle diese Todesfälle verantwortlich, aber ein Mord ist ihm nachgewiesen worden: Als Alexander in Finanznot war, wurde auf seine Anweisung der greise venezianische Kardinal Giovanni Michiel vergiftet und sein Vermögen eingezogen. Zu Alexanders Enttäuschung hatte der alte Kardinal aber den größten Teil seiner Vermögenswerte bereits aus Rom wegschaffen lassen. Aus den Akten einer Gerichtsuntersuchung, die der spätere Papst Julius II. durchführen ließ, ist dieser Mord zweifelsfrei belegt. Und so wurde auch Alexanders Tod am 18. August 1503 im Vatikan sofort von Gerüchten umrankt. Es hieß, der Papst sei seinem eigenen Gift zum Opfer gefallen, weil er die Gläser verwechselt habe. Nach seinem Tod soll sich sein Körper unnatürlich aufgebläht haben. Die historischen Dokumente sprechen dagegen für einen natürlichen Tod.

Martin Luther *und das Papsttum*

Martin Luther wurde am 10. November 1483 in Eisleben als Sohn eines Bergmanns geboren. Seine Eltern sparten jeden Heller, um ihrem begabten Sohn ein Studium der Rechtswissenschaften ermöglichen zu können. Als in einem schweren Gewitter sein Leben bedroht war, bat Luther die heilige Anna um Rettung und gelobte, im Fall der Rettung ins Kloster zu gehen. Er überlebte das Gewitter und trat ins Augustinerkloster in Erfurt ein. Dort machte er Karriere und wurde schließlich Theologie-Professor an der Universität Wittenberg. Trotzdem wurde Luther von schweren Glaubenszweifeln geplagt. Er glaubte, den Maßstäben Gottes nicht gewachsen zu sein und nach seinem Tod die Seligkeit nicht erlangen zu können – obwohl er mehrmals täglich beichtete und losgesprochen wurde. Ihn trieb die Schlüsselfrage um: »Wie bekomme ich einen gnädigen Gott?« Zwischen 1511 und 1517 entwickelte er daraufhin eine neue Rechtfertigungslehre, die später den theologischen Bruch mit der römischen Kirche bewirkte. Das Studium des Neuen Testaments brachte Luther zu der für ihn erlösenden Erkenntnis, dass Gott nicht nach dem Maß der Leistungen rechtfertigt, sondern Gerechtigkeit aus Gnade schenkt. Jesu Kreuzestod hat dies ein für allemal bewirkt.

Die 95 Thesen, die Luther 1517 an Theologen verschickte und wohl auch an die Tür des Doms zu Wittenberg nagelte – ein damals übliches Verfahren, etwas buchstäblich zu veröffentlichen –, bestritten noch keineswegs den Primat des Papstes. Luther wandte sich damals aber schon gegen Kompetenzen der Päpste, die er für biblisch-theologisch fragwürdig hielt – vor allem die Möglichkeit, beim Ablass auch die Sünden von Verstorbenen zu vergeben. Die Thesen richteten sich vor allem gegen den Ablasshandel. Im Jahr 1518 erkannte Luther die Führung des Papsts noch an und war offensichtlich auch bereit, seine Thesen zu widerrufen, wenn er widerlegt würde. Die Widerlegung musste für ihn allerdings biblisch begründet sein. Von 1519 an leugnete er nicht nur den päpstlichen Primat, sondern auch die Unfehlbarkeit von Konzilsbeschlüssen. Auch diese könnten irren und hätten nur dann recht, wenn sie sich auf dem Boden der Schrift befänden. Zum endgültigen Bruch kam es 1520, als Luther seine Hauptwerke veröffentlichte. Seine Schrift »Von der Freiheit eines Christenmenschen« widmete er noch Papst Leo. In der Streitschrift »Von dem Papsttum zu Rom«, eine Erwiderung auf den Franziskaner August Alfeld, bezeichnete er ihn dann jedoch als Antichrist. Papst Leo X. drohte ihm daraufhin den Bann an, doch Luther veröffentlichte eine Gegenschrift und verbrannte die Bulle mit der Bannandrohung öffentlich. Seine anderen Hauptschriften von 1520 waren: »An den christlichen Adel deutscher Nation von des christlichen Standes Besserung«, in der er den Adel für sich gewinnen wollte, sowie »Von der babylonischen Gefangenschaft der Kirche«, in der er das protestantische Verständnis der Sakramente formuliert.

Dem Papst blieb keine Wahl, als Luther zu bannen. Der Theologie-Professor wurde vor den Reichstag zitiert. Der sächsische Kurfürst Friedrich der Weise erreichte durch Verhandlungen, dass Luther seine Position dort nochmals erläutern und verteidigen durfte. Am 17. April 1521 stand Luther vor dem Reichstag zu Worms, wurde vor den versammelten Fürsten und Reichsständen verhört und letztmalig zum Widerruf aufgefordert. Nach einem Tag Bedenkzeit und im Wissen, dass dies sein Tod sein konnte, lehnte er mit folgender Begründung ab: »Wenn ich nicht durch Schriftzeugnisse oder einen klaren Grund widerlegt werde – denn allein dem Papst oder den Konzilen glaube ich nicht; es steht fest, dass sie sich häufig geirrt und sich auch selbst widersprochen haben –, so bin ich durch die von mir angeführten Schriftworte überwunden. Da mein Gewissen in den Worten Gottes gefangen ist, kann und will ich nichts widerrufen, weil es gefährlich und unmöglich ist, etwas gegen das Gewissen zu tun. Gott helfe mir. Amen.« Für den häufig zitierten Zusatz »Hier stehe ich, ich kann nicht anders« gibt es keine historischen Belege. Eindeutiger kann man den Primat des Gewissens nicht formulieren.

Die Tatsache, dass Luthers Lehre sich zu einer eigenen Konfession entwickeln konnte, hatte eine wesentliche Ursache darin, dass sich einige Fürsten auf seine Seite schlugen. Kurfürst Friedrich der Weise ließ Luther auf der Rückreise von Worms vorsorglich entführen und beherbergte ihn auf der Wartburg, wo er die Bibel ins Deutsche übersetzte. Überhaupt hatten sich die Zeiten seit den Waldensern, seit Wyclif und Hus geändert: Die Schwäche des Reichs stärkte die Landesfürsten, welche die fehlende Zentralgewalt für ihre Zwecke ausnutzten. Viele Deutsche betrachteten Luthers Reformation auch als Sache der Nation – seine Bibelübersetzung hatte nicht zuletzt Bedeutung für die Entwicklung der deutschen Sprache.

Luther überzog in seinen späten Schriften die Päpste mit groben Beschimpfungen. Doch er lehnte das Papsttum nie völlig ab. Noch 1528 bekannte er, dass »unter dem Papsttum viel christliches Gut« sei, also viel Gutes im christlichen Sinne. Einen Papst als Verwaltungschef der Kirche hätte er wohl akzeptiert, aber keinen Papst, der ihm Glaubensinhalte gegen sein Gewissen diktierte – und damit war eine Einigung unmöglich geworden. Luther bekannte offen, in welchen Zwiespalt zwischen Gehorsam und Gewissen ihn seine Erkenntnisse geworfen hätten und dass er ohne Absicht »in diesen Sturm hineingeraten« sei. Doch bis zu seinem Tod am 17. Februar 1546 bewertete er seine Gewissenentscheidung als richtig. Die reformatorische Theologie lässt sich mit dem »vierfachen sola« zusammenfassen: *sola scriptura* (»allein die Heilige Schrift« ist Quelle allen Glaubens); *sola gratia* (»allein durch Gnade«, ohne jedes eigene Zutun wird der Mensch von Gott gerechtfertigt); *sola fide* (»allein der Glaube« an Gott in Christus schafft Heil); *solus Christus* (»allein Jesus Christus«, der wahre Mensch und wahre Gott, schafft durch seine stellvertretende Hingabe am Kreuz die Rechtfertigung und Heiligung der Gläubigen). Bei allen Unterschieden können sich die Protestanten bis heute auf diese Grundlagen einigen.

LEO X. (1513–1521)

Papst Leo X. aus der Familie der Medici pflegt ebenfalls einen Lebensstil, der auf Pracht und persönlichen Reichtum ausgerichtet ist. Er erneuert den Ablasshandel für den Bau der Peterskirche und gibt damit Luther einen letzten Anstoß.

Papst Leo X. exkommunizierte Martin Luther. Wie seine Vorgänger hatte er kein Gespür dafür, dass viele Gläubige auf eine Erneuerung der römischen Kirche warteten und Kritik am Klerus übten. Leo X. wurde als Giovanni de' Medici am 11. Dezember 1475 als zweiter Sohn des Florentiners Lorenzo de Medici und seiner Frau Clarice Orsini geboren. Seine Mutter bereitete ihn als Zweitgeborenen von Kindesbeinen an auf die geistliche Laufbahn vor. Der Vater Lorenzo il Magnifico (der Prächtige) legte jedoch auf eine ausgewogene humanistische Bildung wert. Am 1. Juni 1483 erhielt Giovanni, gerade sieben Jahre alt, das Sakrament der Firmung und die Tonsur als Zeichen des geistlichen Standes. Bereits im Mai hatte er vom französischen König seine erste Pfründe verliehen bekommen. Papst Sixtus IV. stimmte der Verleihung zu und erhob ihn in den Rang eines päpstlichen Protonotars. Die Erhebung zum Protonotar war notwendig, damit Giovanni überhaupt Pfründe übernehmen konnte. Noch im selben Jahr erhielt das Kind weitere Pfründe – was mindestens einmal mit Waffengewalt gegen den Widerstand der Geistlichen durchgesetzt werden musste. Im Konsistorium vom 9. März 1489 wurde der 13-jährige Giovanni Kardinal. Die Ernennung erfolgte allerdings »in pectore« – lat. »in der Brust« = unter Geheimhaltung – und wurde drei Jahre lang nicht öffentlich gemacht. Vom Papst veröffentlicht wurde sie am 26. März 1492. Obwohl Giovanni Kardinal war, hatte er nie die Priesterweihe erhalten. Nach seiner Wahl zum Papst am 11. März 1513 musste er daher am 15. März zum Priester und am 17. März zum Bischof geweiht werden. Erst am 19. März konnte die Krönung folgen.

Rom war während Leos Pontifikat ein Zentrum von Kunst und Kultur. Der Papst war jedoch auch handfesten Vergnügungen nicht abgeneigt: Er hatte seinen Hofnarren stets dabei und ließ ihn zur Freude der Anwesenden verprügeln, sobald er nicht witzig genug auftrat. Angeln und Jagen gehörten ebenso zu seinen Leidenschaften wie prunkvolle Feste und Karnevalsumzüge. Als Motto seines Papsttums wird ihm der Ausspruch zugeschrieben: »Da Gott Uns das Papsttum verliehen hat, so lasst es Uns denn genießen.« Seine weltliche Orientierung ließen sogar Zweifel an seinem Glauben aufkommen. Er soll mit der Bemerkung »Alle Welt weiß doch, wie viel uns diese Fabel von Christus eingebracht hat«, seine Geringachtung des Glaubens ausgedrückt haben.

In der Außenpolitik glich Leo seinen Vorgängern. Er mischte sich in die Angelegenheiten anderer Länder ein und hatte keine Bedenken, dabei die Seiten zu wechseln. Nachdem der deutsche Königsthron nach dem Tod Kaiser Maximilians I. verwaist und die Nachfolge nicht gesichert war, setzte sich Leo für den französischen König Franz I. ein. Als dann der spanische Habsburger Karl V. gewählt worden war,

unterstützte ihn Leo und ging mit ihm sogar ein Bündnis gegen Frankreich ein. In Karls V. Reich »ging die Sonne nicht unter« – er war spanischer und deutscher König in Personalunion und somit auch Herr über die spanischen Besitzungen in Amerika. 1530 wurde er von Papst Clemens VII. zum Kaiser gekrönt – es war das letzte Mal in der Geschichte, dass ein Papst einen Kaiser krönte. Danach betrachteten die deutschen Könige die Kaiserkrone als Erbtitel. Karl wollte die Glaubensspaltung wieder rückgängig machen und dankte ab, als er dieses Ziel verfehlt hatte.
Die Reformation hat Papst Leo X. völlig unterschätzt, was man ihm aber kaum vorwerfen kann. Aus seiner Sicht war Martin Luther ein Häretiker wie viele vor ihm, und so wandte er die erprobten und bis dahin erfolgreichen Gegenmittel an: Er verurteilte und exkommunizierte den Wittenberger Professor. Das wirkliche Problem, dass viele Fürsten Luther unterstützten und auch viele Gläubige auf die Initialzündung für eine Erneuerung der Kirche nur gewartet hatten, konnte er aus seiner Sicht nicht erkennen. Als Renaissancepapst war er ganz seiner römischen Perspektive verhaftet. Papst Leo starb am 1. Dezember 1521 so plötzlich, dass er nicht einmal die Sterbesakramente empfangen konnte.

HADRIAN VI. (1522–1523), *letzter nichtitalienischer Papst für rund 450 Jahre*

Papst Hadrian VI. wird als Kompromisskandidat gewählt, aber auch wegen seines Lebensstils, der sich von dem seiner Vorgänger grundlegend unterscheidet. Er versucht auf die Protestanten zuzugehen, doch sein Pontifikat währt zu kurz.

Wahrscheinlich war die Wahl des niederländischen Kardinals Adriaan Florisz Boeyens zum Papst eine Reaktion der Kardinäle auf den Schock der Reformation. Von seiner Persönlichkeit her war Hadrian das genaue Gegenteil seiner Vorgänger und Nachfolger. Sein Lebensstil war schlicht, einfach und sparsam. Dies übertrug er auch auf seine Regierung im Kirchenstaat. Ob seine puritanische Lebensweise die Kluft zu den Protestanten hätte schließen können, wird für immer un-

gewiss bleiben, da er in seinem nur 21 Monate währenden Pontifikat keine große Wirkung entfalten konnte.
Adriaan wurde am 2. März 1459 in Utrecht in den Niederlanden geboren, die damals zum Reich gehörten. Seine theologische Ausbildung begann er bei den Brüdern vom gemeinsamen Leben in Zwolle. Anschließend studierte er in Löwen Philosophie, Theologie und Kirchenrecht. Von 1493 an lehrte er an der Universität Löwen Theologie und wurde später Rektor. 1507 wurde Adriaan Lehrer des späteren Kaisers Karl V. für klassische Sprachen, wodurch er Einfluss auf diesen gewinnen konnte. Parallel zu seiner wissenschaftlichen Karriere verlief seine geistliche Laufbahn: 1516 wurde er zum Bischof von Tortosa in Spanien ernannt. 1517 erhob Papst Leo X. Adriaan zum Kardinal.
Am 9. Januar 1522 wurde er zum Papst gewählt. In dem sechsmonatigen Konklave, das seiner Wahl vorausging, hatten sich die zwei Parteien unter den Kardinälen – die Anhänger des französischen und des deutschen Königs – nicht auf einen Kandidaten einigen können. So wurde Hadrian schließlich als Kompromisskandidat gewählt, obwohl er an dem Konklave selbst gar nicht teilgenommen hatte.
Das größte Problem, dem sich Hadrian gegenübersah, war die Reformation. Er war bereit, den Protestanten entgegenzukommen, durch seinen Legaten auf dem Reichstag die Missstände in der römischen Kirche offen anzusprechen und eine gründliche Reform einzuleiten. Doch es war schon zu spät. Martin Luther reagierte auf die Gesprächsangebote Hadrians mit Beschimpfungen, er hielt sie wohl für ein taktisches Manöver. Aus historischer Sicht war die Spaltung nicht mehr aufzuhalten, da die Kluft bereits zu tief war.
Die militärischen Erfolge der Türken waren die zweite Herausforderung in Hadrians Pontifikat. Auch hier konnte der Papst keinen Erfolg verbuchen. Weder gelang es ihm, die katholischen Länder für einen Krieg gegen das Osmanische Reich zu einigen – die Habsburger lagen in Streit mit den französischen Königen –, noch kamen die protestantischen Fürsten seinem Hilferuf nach. So musste er miterleben, dass die Türken die Stadt Belgrad sowie die Insel Rhodos eroberten, wo der Johanniterorden seinen Sitz hatte. Die Johanniter wichen auf die kleine Insel Malta aus.
Am 14. September 1523 starb Hadrian in Rom. Nach seinem Tod kam das Gerücht auf, er sei von römischen Attentätern vergiftet worden.

Viel wahrscheinlicher ist jedoch, dass er der Malaria erlegen ist, die damals in Rom grassierte.

DIE »DEUTSCHEN« PÄPSTE Die Kirchengeschichte kennt mehr als dreihundert Päpste und Gegenpäpste. Auf den ersten Blick scheint es daher fast eine Missachtung der deutschen Gläubigen zu sein, dass nur acht davon aus Ländern kamen, die zu ihren Lebzeiten zu Deutschland oder zum Reich gehörten. Dabei sind das gar nicht so wenige, denn Jahrhunderte lang waren die Bischöfe von Rom tatsächlich Römer oder kamen aus dem heutigen Mittelitalien. Sie wurden vom römischen Volk und den Geistlichen gewählt und konnten schon deshalb keine Ausländer sein, weil die Wirkung des Bischofs von Rom räumlich zunächst begrenzt war. Erst als sich die Päpste im 8. Jahrhundert an die fränkischen Könige als neue Schutzmacht anlehnten, wurden »deutsche« Päpste möglich. Dennoch wird man darüber streiten können, ob beispielsweise Hadrian VI. ein »deutscher« Papst war. Ohnehin wäre es verfehlt, das nationale Denken des 19. und 20. Jahrhunderts auf das Mittelalter zu übertragen.

Im allgemeinen werden als deutsche Päpste gezählt:

Gregor V. (996–999)	aus Kärnten
Clemens II. (1046–1047)	aus Morsleben in Sachsen
Damasus II. (1048)	aus Bayern oder aus Tirol
Leo IX. (1049–1054)	aus Egisheim im Elsass
Victor II. (1055–1057)	aus Eichstätt in Bayern
Stephan IX. (1057–1058)	aus Lothringen
Hadrian VI. (1522–1523)	aus Utrecht in den Niederlanden
Benedikt XVI. (seit 2005)	aus Marktl am Inn in Bayern

Die ersten sechs Päpste »deutscher Nation« amtierten in den 62 Jahren zwischen 996 und 1058, fünf von ihnen unmittelbar aufeinander folgend. Das lag daran, dass in dieser Zeit die Kaiser aus dem Salierhaus großen Einfluss auf die Kirche hatten und Männer aus ihren Landen zu Päpsten machten. Anschließend gab es lange Jahre heftigen Streit zwischen den deutschen Königen und den Päpsten, was einen Deutschen als Papst ausschloss. In der folgenden Epoche beherrschten Italiener, Franzosen und Spanier die Kirche.

Das Tridentinum

Kaiser Karl V. sah es als sein Lebensziel an, die Kirchenspaltung durch die Reformation wieder rückgängig zu machen. Das konnte seiner Auffassung nach nur durch ein Konzil gelingen. Darum bestürmte er die Päpste, solch eine allgemeine Kirchenversammlung mit dem Ziel einer durchgreifenden Reform einzuberufen. Erst nach vielem Hin und Her erreichte er sein Ziel. Das Konzil wird nach seinem Tagungsort Trient als Tridentinum bezeichnet und dauerte mit zwei mehrjährigen Pausen von 1545 bis 1563. Es ist in der Zählung der römischen Kirche das 19. allgemeine Konzil. Allerdings erfüllten sich die Hoffnungen des Kaisers nicht. Das Konzil trug nicht zur Einheit der westlichen Christenheit bei, sondern führte dazu, dass die Teilung endgültig wurde. Andererseits konsolidierte das Konzil die römisch-katholische Kirche. Die Konzilsväter legten in allen Bereichen genau fest, was den römisch-katholischen Glauben vom protestantischen unterscheidet. Die Theologen, die sich vorstellen konnten, einige Positionen der römischen Kirche zu verlassen, weil sie zu weit von der Bibel entfernt waren, wie zum Beispiel die Lehre vom Fegefeuer, blieben auf dem Konzil in der Minderheit. Kaiser Karl V. dankte ab und verbrachte seinen Lebensabend als Mönch, nachdem er die Glaubensspaltung nicht hatte verhindern können.

Das Konzil kam erst nach mehreren Anläufen zustande. Der Nachfolger Papst Hadrians, Clemens VII., wollte von einem Konzil nichts wissen. Clemens war wieder ein Medici und typischer Renaissancepapst. Die Erfahrungen aus den Konzilen von Konstanz und Basel standen ihm noch als abschreckendes Beispiel vor Augen. Auch fürchtete er den deutschen Einfluss, wenn er der Bitte des Kaisers nachkäme. Selbst im persönlichen Gespräch mit Karl blieb Clemens hart. Sein Nachfolger Paul III. dagegen war einem Konzil sehr aufgeschlossen. Allerdings stritt er sich mit Karl um den Tagungsort. Der Kaiser bestand auf Trient, das zum Reich gehörte, der Papst sprach sich für eine Stadt in Italien aus. Außerdem forderte der Kaiser, dass zuerst die Reformen und dann die Glaubensfragen behandelt werden sollten, während Papst Paul für die umgekehrte Reihenfolge war. Diese

Konflikte und verschiedene Kriege verhinderten die Einberufung immer wieder, bis das Konzil schließlich am 13. Dezember 1545 eröffnet werden konnte.
In der ersten Sitzungsperiode von 1545 bis 1547 sprachen die Teilnehmer über die Quellen des Glaubens, die Sakramente, die Erbsünde und die Rechtfertigung. Dabei näherten sich die Konzilsväter nicht dem Protestantismus an, sondern bekräftigten die Positionen der römischen Kirche. Glaubensfragen und Reformen wurden nun gleichzeitig behandelt. 1547 bis 1549 zog das Konzil wegen einer Seuche nach Bologna um.
Die zweite Sitzungsperiode von 1551 bis 1552 fand wieder in Trient statt, jetzt unter der Leitung von Papst Julius III. Sie befasste sich mit den Themen Eucharistie, Buße, Krankensalbung, Weihe, Ehe, Messopfer, Fegefeuer und Ablass, über die schon in Bologna gesprochen worden war. Außerdem wurden Richtlinien für das Verhalten der Geistlichen ausgearbeitet. Wieder wurden die römischen Positionen bekräftigt. Die Forderung protestantischer Theologen, ihre Seite solle an dem Konzil teilnehmen dürfen und alle bisherigen Beschlüsse sollten aufgehoben werden, wurde zurückgewiesen.
Die dritte Sitzungsperiode konnte wegen politischer Unruhen erst 1561 beginnen und endete 1563. Zwei Päpste waren in der Konzilspause gestorben; Pius IV. leitete den letzten Teil des Konzils. Die Konzilsväter fassten Beschlüsse über die noch nicht behandelten Sakramente und die Abgrenzung von den Protestanten. Der Vorschlag einer Residenzpflicht der Bischöfe in ihren Diözesen führte zu einem heftigen Streit unter den Teilnehmern, wurde aber ebenfalls angenommen. Die Überarbeitung des Katechismus, des Breviers und des Messbuchs übertrug das Konzil dem Papst.
Mit dem Tridentinum endete das Mittelalter für die römische Kirche endgültig. Es besiegelte den Bruch mit den Protestanten, konsolidierte aber auch die Lehre der römisch-katholischen Kirche. Das Papsttum wurde gerettet und die Zeit der sittlich angreifbaren Renaissancepäpste überwunden. Die Verbindung der katholischen Kirche mit dem Heiligen Römischen Reich deutscher Nation wurde getrennt. Die Päpste konzentrierten sich im Folgenden ganz auf den Kirchenstaat und die katholischen Länder. Das Konzil prägte den Katholizismus so nachhaltig, dass die Zeit zwischen dem Tridentinum und dem 2. Vatikanischen Konzil (1962–65) in der Kirchengeschichte als »nach-

tridentinische Epoche« bezeichnet wird. Bis 1967 mussten alle Anwärter auf höhere Weihen in der katholischen Kirche das Tridentinische Glaubensbekenntnis als Glaubenseid ablegen, das vom Konzil formuliert und von Papst Pius IV. 1564 bestätigt worden war.

Das Papsttum in der Neuzeit – ein Ausblick

Nach dem Konzil in Trient nahm die weltliche Macht der Päpste immer weiter ab. Schon vorher hatte sich Papst Clemens VII. nicht gegen das »Sacco di Roma« am 6. Mai 1527 verteidigen können, bei dem führungslose kaiserliche Truppen Rom plünderten und der Papst in die Engelsburg flüchten musste. Die Soldateska nahm den Papst sogar fest und erpresste ein Lösegeld. Auch wenn sich Kaiser Karl für die Ereignisse entschuldigte, machten sie in ganz Europa klar, wie machtlos der Papst geworden war. Die Anglikanische Kirche spaltete sich 1534 ebenfalls von Rom ab und verringerte so den Einfluss der Päpste. Der Dreißigjährige Krieg (1618–48) schwächte die weltliche Macht der Päpste weiter. Während der gesamten Auseinandersetzung, die ja auch ein Glaubenskrieg war, spielte der Kirchenstaat keine Rolle, auch nicht auf katholischer Seite. Papst Urban VIII. (1623–1644) wollte sich in dem Krieg neutral verhalten, was ihm aus heutiger Sicht zur Ehre gereicht, ihm damals jedoch als Schwäche ausgelegt wurde. Nach dem Krieg bestätigten die deutschen Fürsten den Augsburger Religionsfrieden von 1555, nach dem der Landesfürst die Konfession seiner Untertanen bestimmte – die Päpste hatten darauf keinen Einfluss.

Papst Johannes XXIII. (1958–1963) versöhnte die katholische Kirche mit der Moderne. Er berief völlig überraschend das 2. Vatikanische Konzil (1962–65) ein, dem es gelang, eine Brücke zwischen der Kirche und der modernen Gesellschaft zu bauen. Johannes XXIII. unterstrich, dass es die Würde des Menschen zu bewahren gelte, auch wenn dieser im Irrtum befangen sei. Er war der festen Überzeugung, dass die Wahrheit immer siegen würde: »An der Seite Jesu können wir nicht bloß den kleinen See in Galiläa, sondern alle Meere der Welt überqueren. Das Wort Jesu genügt zur Rettung und zum Sieg.« Bereits bei der Wahl seines Papstnamens zeigte Johannes XXIII. das Bestreben, die Einheit der christlichen Kirche wiederherzustellen: Schon einmal hatte es einen Papst Johannes XXIII. gegeben – jener berief zwar im Jahr 1414 das Konstanzer Konzil ein, das die »verruchte Dreiheit der Päpste« und damit das Abendländische Schisma beenden sollte, versuchte das Konzil dann aber mit seiner abenteuerlichen Flucht zu sprengen. Indem Johannes wiederum die Zahl XXIII wählte, erklärte er seinen »Namensvetter« nachträglich für illegitim. Johannes XXIII. erlebte das Ende des Konzils nicht. Sein Nachfolger Papst Paul VI. (1963–1978) führte dieses im Sinne seines Vorgängers zu Ende. Im Jahr 1965 hob er zusammen mit dem orthodoxen Patriarchen Athenagoras I. von Konstantinopel in einem feierlichen Akt die gegenseitige Exkommunikation von Katholiken und Orthodoxen aus dem Jahr 1054 auf, welche das Morgenländische Schisma hervorgerufen hatte, die Trennung von West- und Ostkirche, die bis heute nicht überwunden ist. Im Laufe seines Pontifikats öffnete Paul VI. die Kirche weiter und reiste als erster Papst in alle Erdteile.

Liste der Päpste

Liste der Päpste von Petrus bis heute. Gegenpäpste sind ausgerückt und kursiv dargestellt.

Amtszeit	Name	
32–64/67	hl. Petrus	
64/67–76/79	hl. Linus	
76/79–88/91	hl. Anaklet (Kletus)	
88/92–97/101	hl. Clemens I.	
97/101–105/107	hl. Evaristus	
105/107–115/119	hl. Alexander I.	
115/119–125	hl. Sixtus I.	
125–136/138	hl. Telesphorus	
136/138–140/142	hl. Hyginus	
140/142–155	hl. Pius I.	
155–166	hl. Anicet	
166–174/175	hl. Soter	
174/175–189	hl. Eleutherus	
189–198/199	hl. Victor I.	
198/199–217	hl. Zephyrinus	
217–222/223	hl. Calixtus I.	
217–235		*hl. Hippolyt*
222/223–230	hl. Urban I.	
230–235	hl. Pontianus	
235–236	hl. Anteros	
236–250	hl. Fabian	
251–253	hl. Cornelius	
251		*Novatianus*
253–254	hl. Lucius I.	
254–257	hl. Stephan I.	
257–258	hl. Sixtus II.	
259–268	hl. Dionysius	
269–274	hl. Felix I.	

275–283	hl. Eutychianus	
283–296	hl. Gaius	
296–304	hl. Marcellinus	
307–309	hl. Marcellus I.	
309 oder 310	hl. Eusebius	
311–314	hl. Miltiades	
314–335	hl. Silvester I.	
336	hl. Marcus	
337–352	hl. Julius I.	
352–366	Liberius	
355–358 (†365)		*Felix II.*
366–384	hl. Damasus I.	
366–367		*Ursinus*
384–399	hl. Siricius	
399–401	hl. Anastasius I.	
401–417	hl. Innozenz I.	
417–418	hl. Zosimos	
418–422	hl. Bonifatius I.	
418–419		*Eulalius*
422–432	hl. Coelestin I.	
432–440	hl. Sixtus III.	
440–461	hl. Leo I. (der Große)	
461–468	hl. Hilarius	
468–483	hl. Simplicius	
483–492	hl. Felix III. (II.)	
492–496	hl. Gelasius I.	
496–498	Anastasius II.	
498–514	hl. Symmachus	
498;501–506		*Laurentius*
514–523	hl. Hormisdas	
523–526	hl. Johannes I.	
526–530	hl. Felix IV. (III.)	
530–532	Bonifatius II.	
530		*Dioskur*
533–535	Johannes II.	
535–536	hl. Agapet I.	
536–537	hl. Silverius	
537–555	Vigilius	

556–561	Pelagius I.	
561–574	Johannes III.	
575–579	Benedikt I.	
579–590	Pelagius II.	
590–604	hl. Gregor I. (der Große)	
604–606	Sabinian	
607	Bonifatius III.	
608–615	hl. Bonifatius IV.	
615–618	hl. Deusdedit (Adeodatus I.)	
619–625	Bonifatius V.	
625–638	Honorius I.	
640	Severin	
640–642	Johannes IV.	
642–649	Theodor I.	
649–653 (†655)	hl. Martin I.	
654–657	hl. Eugen I.	
657–672	hl. Vitalianus	
672–676	Adeodatus (II.)	
676–678	Donus	
678–681	hl. Agatho	
682–683	hl. Leo II.	
684–685	hl. Benedikt II.	
685–686	Johannes V.	
686–687	Konon	
687–701	hl. Sergius I.	
687		*Paschalis I.*
701–705	Johannes VI.	
705–707	Johannes VII.	
708	Sisinnius	
708–715	Konstantin	
715–731	hl. Gregor II.	
731–741	hl. Gregor III.	
741–752	hl. Zacharias	
752	Stephan (II.) (vor Weihe gestorben)	
752–757	Stephan II.	
757–767	hl. Paul I.	
768–772	Stephan III.	
767–768 (†769)		*Konstantin*

768		*Philipp*
772–795	Hadrian I.	
795–816	hl. Leo III.	
816–817	Stephan IV.	
817–824	hl. Paschalis I.	
824–827	Eugen II.	
827	Valentin	
827–844	Gregor IV.	
844–847	Sergius II.	
844		*Johannes*
847–855	hl. Leo IV.	
855–858	Benedikt III.	
855		*Anastasius*
858–867	hl. Nikolaus I. (der Große)	
867–872	Hadrian II.	
872–882	Johannes VIII.	
882–884	Marinus I.	
884–885	hl. Hadrian III.	
885–891	Stephan V.	
891–896	Formosus	
896	Bonifatius VI.	
896–897	Stephan VI.	
897	Romanus	
897	Theodor II.	
898–900	Johannes IX.	
900–903	Benedikt IV.	
903	Leo V.	
903–904		*Christophorus*
904–911	Sergius III.	
911–913	Anastasius III.	
913–914	Lando	
914–928	Johannes X.	
928–929	Leo VI.	
929–931	Stephan VII.	
931–935	Johannes XI.	
936–939	Leo VII.	
939–942	Stephan VIII.	
942–946	Marinus II.	

946–955	Agapet II.	
955–963	Johannes XII.	
963–964	Leo VIII.	
964	Benedikt V.	
964–965	Leo VIII.	
965–972	Johannes XIII.	
973–974	Benedikt VI.	
974–983	Benedikt VII.	
974;984–985		*Bonifatius*
983–984	Johannes XIV.	
985–996	Johannes XV.	
996–999	Gregor V.	
997–998		*Johannes XVI.*
999–1003	Silvester II.	
1003	Johannes XVII.	
1003–1009	Johannes XVIII.	
1009–1012	Sergius IV.	
1012–1024	Benedikt VIII.	
1012		*Gregor*
1024–1032	Johannes XIX.	
1032–1045	Benedikt IX.	
1045	Silvester III.	
1045	Benedikt IX.	
1045–1046	Gregor VI.	
1046–1047	Clemens II.	
1047–1048	Benedikt IX.	
1048	Damasus II.	
1049–1054	hl. Leo IX.	
1055–1057	Victor II.	
1057–1058	Stephan IX.	
1058–1061	Nikolaus II.	
1058–1059		*Benedikt X.*
1061–1073	Alexander II.	
1061–1072		*Honorius II.*
1073–1085	hl. Gregor VII.	
1080;1084–1100		*Clemens III.*
1086–1087	sel. Victor III.	
1088–1099	sel. Urban II.	

1099–1118	Paschalis II.	
1100–1101		*Theodoricus*
1102		*Albertus*
1105–1111		*Sylvester IV.*
1118–1119	Gelasius II.	
1118–1121		*Gregor VIII.*
1119–1124	Calixtus II.	
1124–1130	Honorius II.	
1124		*Coelestin II.*
1130–1143	Innozenz II.	
1130–1138		*Anaklet II.*
1138		*Victor IV.*
1143–1144	Coelestin II.	
1144–1145	Lucius II.	
1145–1153	sel. Eugen III.	
1153–1154	Anastasius IV.	
1154–1159	Hadrian IV.	
1159–1181	Alexander III.	
1159–1164		*Victor IV.*
1164–1168		*Paschalis III.*
1168–1178		*Calixtus III.*
1179–1180		*Innozenz III.*
1181–1185	Luzius III.	
1185–1187	Urban III.	
1187	Gregor VIII.	
1187–1191	Clemens III.	
1191–1198	Coelestin III.	
1198–1216	Innozenz III.	
1216–1227	Honorius III.	
1227–1241	Gregor IX.	
1241	Coelestin IV.	
1243–1254	Innozenz IV.	
1254–1261	Alexander IV.	
1261–1264	Urban IV.	
1265–1268	Clemens IV.	
1271–1276	sel. Gregor X.	
1276	sel. Innozenz V.	
1276	Hadrian V.	

1276–1277	Johannes XXI.	
1277–1280	Nikolaus III.	
1281–1285	Martin IV.	
1285–1287	Honorius IV.	
1288–1292	Nikolaus IV.	
1294	hl. Coelestin V.	
1294–1303	Bonifatius VIII.	
1303–1304	sel. Benedikt XI.	
1305–1314	Clemens V.	
1316–1334	Johannes XXII.	
1328–1330		*Nikolaus V.*
1334–1342	Benedikt XII.	
1342–1352	Clemens VI.	
1352–1362	Innozenz VI.	
1362–1370	sel. Urban V.	
1370–1378	Gregor XI.	
1378–1389	Urban VI.	
1378–1394		*Clemens VII.*
1389–1404	Bonifatius IX.	
1394–1423		*Benedikt XIII.*
1404–1406	Innozenz VII.	
1406–1415	Gregor XII.	
1409–1410		*Alexander V.*
1410–1415		*Johannes XXIII.*
1417–1431	Martin V.	
1431–1447	Eugen IV.	
1439–1449		*Felix V.*
1447–1455	Nikolaus V.	
1455–1458	Calixtus III.	
1458–1464	Pius II.	
1464–1471	Paul II.	
1471–1484	Sixtus IV.	
1484–1492	Innozenz VIII.	
1492–1503	Alexander VI.	
1503	Pius III.	
1503–1513	Julius II.	
1513–1521	Leo X.	
1522–1523	Hadrian VI.	

1523–1534	Clemens VII.
1534–1549	Paul III.
1550–1555	Julius III.
1555	Marcellus II.
1555–1559	Paul IV.
1559–1565	Pius IV.
1566–1572	hl. Pius V.
1572–1585	Gregor XIII.
1585–1590	Sixtus V.
1590	Urban VII.
1590–1591	Gregor XIV.
1591	Innozenz IX.
1592–1605	Clemens VIII.
1605	Leo XI.
1605–1621	Paul V.
1621–1623	Gregor XV.
1623–1644	Urban VIII.
1644–1655	Innozenz X.
1655–1667	Alexander VII.
1667–1669	Clemens IX.
1670–1676	Clemens X.
1676–1689	sel. Innozenz XI.
1689–1691	Alexander VIII.
1691–1700	Innozenz XII.
1700–1721	Clemens XI.
1721–1724	Innozenz XIII.
1724–1730	Benedikt XIII.
1730–1740	Clemens XII.
1740–1758	Benedikt XIV.
1758–1769	Clemens XIII.
1769–1774	Clemens XIV.
1775–1799	Pius VI.
1800–1823	Pius VII.
1823–1829	Leo XII.
1829–1830	Pius VIII.
1831–1846	Gregor XVI.
1846–1878	sel. Pius IX.
1878–1903	Leo XIII.

1903–1914	hl. Pius X.
1914–1922	Benedikt XV.
1922–1939	Pius XI.
1939–1958	Pius XII.
1958–1963	sel. Johannes XXIII.
1963–1978	Paul VI.
1978	Johannes Paul I.
1978–2005	Johannes Paul II.
2005–heute	Benedikt XVI.

Glossar

Abendländisches Schisma: auch Großes Papstschisma genannt. Die Spaltung der römisch-katholischen Kirche zwischen 1378 und 1417 in zunächst zwei, dann drei Parteien unter jeweils einem Papst. Im Gegensatz zu den zahlreichen anderen Papstschismen des Mittelalters wussten die Menschen damals nicht, welcher Papst der rechtmäßige war. Das Konzil in Konstanz beendete das Schisma, indem es die beiden verbliebenen Päpste – einer war zurückgetreten – absetzte und mit Martin V. einen allgemein anerkannten Papst wählte.

Altorientalische Kirchen: Ostkirchen, die sich nach den Konzilen von Ephesos (431; die Assyrische Kirche des Ostens) und Chalcedon (451) von der römischen Reichskirche trennten, z. B. die Koptische Kirche Ägyptens, die Armenisch Apostolische Kirche und die Syrisch-Orthodoxe Kirche. Grund für die Trennung war die Ablehnung des Monophysitismus auf dem Konzil von Chalcedon.

Arianismus: Gegensätzliche Position zur Trinitätslehre; geht zurück auf Arius (um 260–336), einen christlichen Presbyter in Alexandria. Nach dem Arianismus ist allein der Vater Gott, der Sohn dagegen Gottes erste Kreatur, geschaffen vor Anbeginn der Welt. Zunächst mit dem Konzil von Nicäa 325 und endgültig mit dem Konzil von Konstantinopel 381 wurde der arianische Streit zugunsten der Trinitätslehre beendet, das sog. Nicäno-Konstantinopolitanum ist seitdem das wichtigste Glaubensbekenntnis des Christentums.

Katharer: auch Albigenser genannt. Eine christliche Sekte, deren dualistische Lehre sich deutlich von allen Hauptströmungen des Christentums unterschied. Die Katharer sahen die materielle Welt als Werk des Teufels, den sie sich ähnlich mächtig wie Gott vorstellten. Ihre asketische Lebensweise verschaffte den Katharern im 12. und 13. Jahrhundert großen Zulauf. Mehrere Konzile verurteilten ihre Lehre, was jedoch wirkungslos blieb. Schließlich wurden die Katharer von 1213 an in einem Kreuzzug blutig niedergeschlagen. Die Verbliebenen wurden von der Inquisition verfolgt, die wegen dieser Häresie von der Kirche als eigene Institution eingerichtet worden war. Das deutsche Wort »Ketzer« leitet sich von Katharer ab.

Konklave: Die von der Außenwelt abgeschnittene Versammlung der Kardinäle, die einen neuen Papst wählt. Zum ersten Konklave kam es im Jahr 1241, als das römische Volk die Kardinäle im Palatin einsperrte, um sie zu einer schnelleren Entscheidung zu zwingen. Das Konzil in Lyon 1274 legte fest, dass von nun an das Konklave zu jeder Papstwahl gehören soll – übrigens gegen den Widerstand der anwesenden Kardinäle. Obwohl sich einige Papstwahlen danach dennoch jahrelang hinzogen, werden die Kardinäle bei der Wahl bis heute im Konklave eingeschlossen.

Konzil: Große Kirchenversammlung, die eine strittige Einzelfrage innerhalb der Kirche entscheiden soll. Das Vorbild der Konzile ist das Apostelkonzil in Jerusalem um das Jahr 44, von dem in der Apostelgeschichte berichtet wird und das den Konflikt zwischen Juden- und Heidenchristen schlichtete. Von der staatlichen Anerkennung der christlichen Kirche im 4. Jahrhundert bis ins 9. Jahrhundert waren die Konzile Versammlungen der Kirchen im Ost- und Weströmischen Reich. Sie fanden unter dem Vorsitz oder dem Patronat des Kaisers in Konstantinopel auf byzantinischem Gebiet statt. Die Konzile seit dem 11. Jahrhundert sind Versammlungen der römisch-katholischen Kirche. Sie werden vom jeweiligen Papst einberufen und geleitet. Die römische Kirche zählt 21. ökumenische, das heißt im Wortsinn allgemeine, umfassende Konzile:

1	Nicäa I	325	Die Natur Jesu – Jesus ist wahrer Gott
2	Konstantinopel I	381	Natur des heiligen Geistes – Dreieinigkeit mit Vater und Sohn
3	Ephesos	431	Natur Marias – Maria ist wahre Gottesmutter
4	Chalcedon	451	Monophysitismus – Jesus ist wahrer Mensch und wahrer Gott
5	Konstantinopel II	553	Drei-Kapitel-Streit – Verurteilung der drei Kapitel zum Monophysitismus

6	Konstantinopel III	680/81	Verurteilung der Lehre, Jesu habe nur einen göttlichen und keinen menschlichen Willen besessen (Monotheletismus)
7	Nicäa II	787	Bilderstreit – Bilder dürfen verehrt, aber nicht angebetet werden
8	Konstantinopel IV	869/70	Schisma zwischen den byzantinischen Patriarchen Photios und Ignatios. Das Konzil bestätigt Patriarch Ignatios.
9	Lateranum I	1123	Investiturstreit – Konzil bestätigt Wormser Konkordat
10	Lateranum II	1139	Schisma zwischen den Päpsten Anaklet II. und Innozenz II. Das Konzil bestätigt Papst Innozenz.
11	Lateranum III	1179	Beendigung des durch Kaiser Friedrich I. ausgelösten Schismas. Papstwahl durch die Kardinäle mit Zweidrittelmehrheit.
12	Lateranum IV	1215	Aufruf zum Kreuzzug. Verurteilung verschiedener Häresien.
13	Lyon I	1245	Verurteilung Kaiser Friedrichs II.
14	Lyon II	1274	Kreuzzüge. Union mit der byzantinischen Kirche (vom Konzil in Konstantinopel abgelehnt). Konklave bei der Papstwahl verbindlich.
15	Vienne	1311/12	Anklage gegen den Templerorden – vom Konzil zurückgewiesen
16	Konstanz	1414–18	Beendigung des Abendländischen Schismas; Wahl des Einheitspapsts Martin V. Verurteilung von Häresien. Hinrichtung des Jan Hus.
17	Basel/Ferrara/Florenz	1431–49	Konflikt zwischen Konziliarismus und päpstlichem Primat. Versuch einer Erneuerung der Kirche scheitert.

18	Lateranum V	1512–17	Letzter Versuch einer Erneuerung der Kirche vor Luther. Die Reformbeschlüsse des Konzils werden nie umgesetzt.
19	Trient	1545–63	Situation nach der protestantischen Reformation – Konzil bestätigt den römischen Glauben und grenzt ihn gegen den Protestantismus ab.
20	Vaticanum I	1869/70	Herausforderung durch die Industrialisierung. Päpstliche Unfehlbarkeit in Lehrfragen wird Dogma. Abbruch wegen des Krieges 1870/71.
21	Vaticanum II	1962–65	Versöhnung mit den modernen demokratischen Gesellschaften. Behutsame Modernisierung von Riten und Positionen.

Konziliarismus: Die Auffassung, dass Konzile über dem Papst stehen. Zu Beginn der Kirchengeschichte war dies allgemeiner Konsens. Erst seit Papst Leo I. bildete sich der päpstliche Primat heraus. Von Konziliarismus sprechen Historiker darum erst vom 14. Jahrhundert an. Sein erster Vertreter war der Philosoph und Theologe Wilhelm von Ockham (1285–1350). Unter dem Eindruck des Abendländischen Schismas und dreier konkurrierender Päpste sprachen sich die Mitglieder des Konstanzer Konzils für den Konziliarismus aus. Der päpstliche Primat setzte sich jedoch durch.

Manichäismus: Antike dualistische Religion, die auf den Perser Mani (216–276/77) zurückgeht. Nach seiner Lehre steht einem göttlichen Lichtreich ein Reich der Finsternis gegenüber. Im Römischen Reich zeitweise in starker Konkurrenz zum Christentum, verschwand der Manichäismus in Europa nach starker Verfolgung im 5. Jahrhundert.

Monophysitismus: Der Monophysitismus vertrat die Position, Christus sei sowohl vollkommen göttlich als auch vollkommen menschlich, aber verschmolzen zu einer einzigen Natur. Das Konzil von Chalcedon vertrat 451 die Zwei-Naturen-Lehre Christi, nach der die göttliche und die menschliche Natur unvermischt nebeneinander stehen, und verurteilte den Monophysitismus als Irrlehre, was zum Schisma zwischen den sog. altorientalischen Kirchen und der römischen Reichskirche führte.

Monotheletismus: Wurde Anfang des 7. Jahrhunderts unter dem oströmischen Kaiser Herakleios als Kompromiss zwischen dem Monophysitismus und der Position von Chalcedon entwickelt; Christus besäße demnach göttliche und menschliche Natur, aber nur einen Willen. Der Monotheletismus wurde auf dem 3. Konzil von Konstantinopel im Jahr 680 als Häresie verurteilt.

Morgenländisches Schisma: Die endgültige Trennung der West- und der Ostkirche 1054. Die beiden Kirchen hatten sich höchst verschieden entwickelt. Die byzantinische Kirche war eine Staatskirche unter dem Kaiser, die römische Kirche zu einer weltlichen Macht geworden. Seit Jahrhunderten hatten sich Päpste und Patriarchen gegenseitig verurteilt und exkommuniziert. Dass ausgerechnet der Streit im Jahr 1054 zum endgültigen Bruch führte, war ein historischer Zufall, der Anlass vergleichsweise gering. Die gegenseitige Bannung bestand formal bis zum 2. Vatikanischen Konzil.

Nestorianismus: Gegensätzliche Position zum Monophysitismus: In Jesus Christus habe es sowohl eine Person mit menschlicher als auch eine Person mit göttlicher Natur gegeben. Der Nestorianismus geht zurück auf Nestorius, Patriarch von Konstantinopel. Auf dem Konzil von Ephesos 431 als Irrlehre verurteilt.

Pelagianismus: Nach der Lehre des Mönches Pelagius (gest. um 418) kann die Erbsünde die menschliche Natur nicht verderben, da diese ebenfalls von Gott stammt – entscheidend für das Seelenheil sei der menschliche Wille und nicht Gottes Gnade. Auf dem Konzil von Ephesos im Jahr 431 endgültig zur Häresie erklärt.

Presbyter: griechisch »Ältester«; Inhaber eines kirchlichen Leitungsamtes. Aus »Presbyter« entstand im Frühmittelalter das deutsche Wort »Priester«.

Trinität: Dreifaltigkeit, nach *trinitas*, Neubildung aus *tres*, drei, und *unitas*, Einheit. Die Dreifaltigkeitslehre wird seit dem 4. Jahrhundert von westlichen wie östlichen Kirchen durchgehend vertreten. Gegenlehre war der Arianismus, der seit dem Konzil von Nicäa im Jahr 325 als Häresie gilt.

Unfehlbarkeit: Zunächst auf Lehrentscheidungen der römischen Kirche, seit dem 1. Vatikanischen Konzil als Dogma auf Lehrentscheidungen und -verlautbarungen des Papstes bezogen, die dieser *ex cathedra* verkündet. Auch Konzile besitzen nach katholischer Lehre Unfehlbarkeit, wenn der Papst den entsprechenden Dokumenten oder Passagen zustimmt.

Waldenser: Eine christliche Bewegung, die in manchem den Protestantismus vorwegnahm. Ihr geistiger Vater war der Kaufmann Petrus Waldes, der seinem Besitz entsagte und seit 1177 als Bußprediger wirkte. Die Waldenser predigten apostolische Armut. Sie sahen die Bibel als einzige Glaubensquelle und lehnten die nichtbiblischen Sakramente sowie viele Traditionen wie etwa Wallfahrten ab. Ihre Lehre wurde von Päpsten und Konzilen als häretisch verurteilt. Als einzige abweichende Lehre des Mittelalters überlebten die Waldenser die Inquisition, unter anderem, indem sie sich der römischen Kirche äußerlich anpassten. Heute sind die Waldenser eine protestantische Kirche.

Zwei-Naturen-Lehre: Bis heute gültige Position des Konzils von Chalcedon im Jahr 451, Christus besitzt als Gottsohn – als zweite Person der Dreifaltigkeit – sowohl eine göttliche als auch eine menschliche Natur, und zwar unvermischt und ungetrennt.

Zwei-Schwerter-Theorie (Zweigewaltenlehre): Die Zwei-Schwerter-Theorie beschreibt das Rang- und Machtverhältnis zwischen Papst und Kaiser im frühen Mittelalter. Papst Gelasius I. formulierte erstmals 494 in einem Schreiben an Kaiser Anastasios I. in Konstantinopel die Theorie, Gott habe der Welt zwei Schwerter verliehen: eines an den Kaiser für die Herrschaft über die weltlichen (Imperium), eines an den Papst für die Herrschaft über die geistlichen Dinge (Sacerdotium), womit die Unabhängigkeit des Papstes vom Kaiser begründet wurde. Seit dem 12. Jahrhundert bis zum Ende des Mittelalters wurde die Theorie kirchlicherseits so interpretiert, dass Gott beide Schwerter dem Papst verliehen und dieser dann eines an den Kaiser weitergegeben habe.

Literaturhinweise

Die Bibelzitate folgen der Einheitsübersetzung des Alten und Neuen Testaments von 1980.

Akermann, Manfred: Die Staufer. Ein europäisches Herrschergeschlecht. Stuttgart ²2006

De Rosa, Peter: Gottes erste Diener. Die dunkle Seite des Papsttums. München 2005

Denzler, Georg: Das Papsttum. Geschichte und Gegenwart. München ²2004

Fiedler, Teja / Sandmeyer, Peter: Die sechs Weltreligionen. Alles über Buddhismus, Judentum, Hinduismus, Islam, Taoismus, Christentum. Berlin 2005

Fischer-Wollpert, Rudolf: Lexikon der Päpste. Mit Namen und Fakten zur Papstgeschichte. Wiesbaden 2004

Fuhrmann, Horst: Die Päpste. Von Petrus zu Benedikt XVI. München ³2005

Greschat, Martin (Hrg.): Personenlexikon Religion und Theologie. Göttingen 1998

100 große Päpste. Gottes erste Diener und ihr Wirken. Bindlach 2005

Jedin, Hubert (Hg.): Handbuch der Kirchengeschichte. CD-ROM-Edition, Berlin 2004

Hehl, Ernst-Dieter / Ringel, Ingrid Heike / Seibert, Hubertus: Das Papsttum in der Welt des 12. Jahrhunderts. Stuttgart 2002

Heinz, Werner: Der Aufstieg des Christentums. Geschichte und Archäologie einer Weltreligion. Stuttgart 2005

Herrmann, Horst: Die Heiligen Väter. Päpste und ihre Kinder. Berlin 2004

Jung-Inglessis, Eva-Maria: Die deutschen Päpste. Ihr Leben, ihr Wirken, ihre Zeit. Leipzig 2006

Lacauna, Eric / Luca, Paolo: Die sündigen Päpste in Mittelalter und Renaissance. Wien 2003

Lehmann, Johannes: Barbarossa & Co. Reise zu den Staufern in Südwestdeutschland. Tübingen 2002

Rossi, Fabrizio: Der Vatikan. Politik und Organisation. München ³2005

Schreiber, Hermann: Geschichte der Päpste. Düsseldorf / Wien 1985
Schwaiger, Georg / Heim, Manfred: Kleines Lexikon der Päpste. München [2]2005
Schatz, Klaus: Der päpstliche Primat. Seine Geschichte von den Ursprüngen bis zur Gegenwart. Würzburg 1990
Schellhorn, Maurus: Der heilige Petrus und seine Nachfolger. Wien / München 1982
Schimmelpfennig, Bernhard: Das Papsttum. Von der Antike bis zur Renaissance. Darmstadt [5]2005
Weinfurter, Stefan: Das Jahrhundert der Salier (1024–1125) – Kaiser oder Papst? Ostfildern 2004

Bildnachweis

Umschlagmotiv (Papst Innozenz III.): akg-images; sämtliche Abbildungen im Innenteil: Bridgeman Art Library.

Wir danken allen Rechteinhabern für die freundliche Genehmigung zum Nachdruck. Trotz nachdrücklicher Bemühungen ist es uns nicht gelungen, alle Rechteinhaber zu ermitteln. Wir bitten diese daher um Verständnis, wenn wir gegebenenfalls erst nachträglich eine Abdruckhonorierung vornehmen können

Wer hätte gedacht, dass solch berühmte historische Personen wie Isaac Newton oder Giacomo Girolamo Casanova sich mit Alchemie beschäftigten? Doch wer oder was waren sie eigentlich, diese Alchemisten? Scharlatane? Goldmacher? Geheimbündler? Gar die Begründer der modernen Wissenschaft? Oder von allem ein bisschen?
Anhand der Biographien bedeutender Alchemisten verfolgt Dierk Suhr den Weg der Alchemie von ihren Wurzeln im alten Ägypten bis zu ihrer Anwendung in der modernen Naturheilkunde. Er räumt dabei mit zahlreichen Vorurteilen auf und zeigt, wo das Wissen der Alchemisten in der modernen Wissenschaft fortlebt.

Die spannende Geschichte der Alchemie anschaulich erzählt!

Dierk Suhr
Die Alchemisten. Goldmacher, Heiler, Philosophen
176 S., mit zahlreichen Abbildungen
gebunden mit Schutzumschlag
ISBN 978-3-7995-0163-7